Ein Lesebuch über das Leben und den Tod

Elisabeth Kübler-Ross

Ein Lesebuch über das Leben und den Tod

Weltbild

Die Texte wurden folgenden Büchern entnommen:
Aids. Herausforderung zur Menschlichkeit, © 1988 Kreuz Verlag, Stuttgart
Befreiung aus der Angst, © 1983 Kreuz Verlag, Stuttgart
Geborgen im Leben. Wege zu einem erfüllten Dasein, © 2001 Kreuz Verlag, Stuttgart
Interviews mit Sterbenden, © 1971 Kreuz Verlag, Stuttgart
Verstehen, was Sterbende sagen wollen, © 1981 Kreuz Verlag, Stuttgart
Was können wir noch tun?, © 1974 Kreuz Verlag, Stuttgart

Genehmigte Lizenzausgabe für die Weltbild GmbH & Co. KG,
Werner-von-Siemens-Straße 1, 86159 Augsburg

Umschlaggestaltung: Atelier Seidel, Teising
Umschlagmotiv: © Thinkstockphoto/titoOnz
Satz: Datagroup int. SRL, Timisoara
Gesamtherstellung: CPI Moravia Books s.r.o., Pohorelice
Printed in the EU
ISBN 978-3-8289-3305-7

2017 2016
Die letzte Jahreszahl gibt die aktuelle Lizenzausgabe an.

Inhalt

Einführung

Der Name Elisabeth Kübler-Ross ist in aller Welt bekannt. Seit sie nicht mehr von einem Kontinent zum ändern reist und nicht mehr ihre berühmten Workshops abhält, ist es äußerlich still um sie geworden. Ihr Lebenswerk scheint abgeschlossen; die Ernte ist eingefahren. Aber dieses Werk ist so beschaffen, dass es ständig weiter wächst, im Leben Tausender von Menschen, die sie berührt hat, im Bewusstsein ungezählter Leserinnen ihrer in viele Sprachen übersetzten Bücher. Ihre Botschaft wird überall gehört, auch dort, wo sie nicht ausdrücklich mit ihrem Namen verknüpft ist. Denn Elisabeth Kübler-Ross ist eine der Pionierinnen, die zu dem allgemeinen Bewusstseinswandel beigetragen hat, der heute als »Paradigmenwechsel« bezeichnet wird. Sie hat die Auffassung von Leben und Tod in unserer Gesellschaft verändert. Sie hat einen Weg gezeigt, wie die heillose Kluft zwischen Materie und Geist, Körper und Seele überwunden werden kann. Das alte dualistische Weltbild wird heute von verschiedenen Zweigen der Wissenschaft in Frage gestellt. Elisabeth Kübler-Ross hat es mit der gelebten Wirklichkeit konfrontiert: im Umgang mit sterbenden Menschen, im Verhältnis unserer Gesellschaft zum Tod. Durch ihre Initiative hat das Selbstverständnis der Medizin, der Krankenpflege, haben die helfenden Berufe insgesamt sich verändert.

Als die junge Schweizer Ärztin 1958 in die USA kam, ahnte sie nicht, dass sie hier ihre Lebensaufgabe finden würde, in dem Land, das die Hightech-Medizin am weitesten entwickelt und den Tod und den Prozess des Alterns und Sterbens am meisten tabuisiert hat. Was sie neben einer soliden medizinischen Ausbildung nach Amerika mitbrachte, waren die Lebenswerte ihrer naturverbundenen Schweizer Heimat, war der Mut, sich gegen lebensfeindliche Gewohnheiten aufzulehnen, und die Willenskraft, an ihrer Überzeugung festzuhalten, auch wenn der Wind ihr ins Gesicht blies.

Ihr Weg war von Jugend an kein leichter gewesen. Sie hatte es nie vermocht, sich mit Konventionen abzufinden, die andere stillschweigend hinnehmen: mit gängigen Vorurteilen, mit der gedankenlosen, alltäglichen Grausamkeit, den Barrieren zwischen den Menschen und im eigenen Inneren, die uns daran hindern, vollgültig zu leben. Eine Art radikaler Barmherzigkeit drängte sie, dort einzugreifen, wo Leben bedroht war bzw. von Menschen zerstört wurde. So schloss sie sich dem Internationalen Friedensdienst an und leistete Hilfe beim Wiederaufbau des kriegszerstörten Europa in einem Alter, in dem junge Mädchen für gewöhnlich andere Träume haben. So erkämpfte sie sich gegen den Willen des Vaters ihr Medizinstudium. So trat sie nach ihrer Ankunft in New York gegen die Mauer der Gleichgültigkeit und des Schweigens an und konnte Schizophrene, angeblich hoffnungslose Fälle, durch ihren persönlichen

Einsatz und ihre liebevolle Zuwendung heilen. So bekämpfte sie im Namen der Menschlichkeit eine Auffassung, die im Tod lediglich einen medizinischen Unfall sah und den sterbenden Menschen zum Objekt degradierte.

Was sie im Gespräch mit Kranken und Sterbenden erfuhr: die Sehnsucht nach authentischem Leben, war eine Botschaft für alle Menschen. So führte ihre Arbeit an Sterbebetten schließlich zu einer umfassenden Lehre des rechten Lebens und guten Sterbens für alle, die sich selbst auf den Grund gehen und an den Herausforderungen des Lebens wachsen wollen.

Als ihre Interviews mit Sterbenden sie über Nacht berühmt machten, war ihr weiterer Weg vorgezeichnet. Sie ist ihn gegangen, gegen das Unverständnis, zum Teil gegen den erbitterten Widerstand ihrer Fachkollegen. Elisabeth Kübler-Ross führte einen Kampf gegen die kollektive Angst vor dem Tod, deren tiefste Wurzel die Angst vor dem Leben ist. Wer nicht wirklich gelebt hat, weiß auch nicht zu sterben. Es ist die Tragödie des modernen Menschen, dass er oft schon zu Lebzeiten abstirbt, dass er nicht eigentlich lebendig ist, solange er noch lebt. Die Sinne, die Kraft zu lieben, die Fähigkeit zur Freude sind verkümmert, und der Mensch weiß weder, wer er ist, woher er kommt, noch wohin er geht, oder wozu er auf der Erde ist. Die heutige Welt ist so beschaffen, dass die Antwort auf diese Frage, ja schon die Suche danach, dem Menschen schwerer fällt als in früheren Epochen, denn die Frage nach dem Sinn des Daseins wurde im Zuge der modernen Entwicklung verdrängt. Sie steht am Anfang aller Religion und Philosophie, wie auch am Anfang aller Kunst. »Philosophieren heißt sterben lernen«, erkannte Michel de Montaigne und drückte damit auf andere Weise aus, was die Ärztin Elisabeth Kübler-Ross an Sterbebetten erfuhr. Die Verfallserscheinungen von Religion, Philosophie und Kunst in unserer Zeit hängen nicht zuletzt damit zusammen, dass unsere Zivilisation die Seinsfrage verdrängt und vergessen hat. Was Sterbende und insbesondere Menschen erleben, die die Schwelle des Todes überschritten haben und dann ins Leben zurückgeholt wurden, rückt diese Frage wieder ins Bewusstsein.

Dass Elisabeth Kübler-Ross sich auf diese Erfahrungen und auf die Erforschung des Lebens nach dem Tod eingelassen hat, wurde ihr von mancher Seite verübelt. Die Thanatologie ist heute zwar ein anerkanntes Forschungsgebiet*, aber einer wissenschaftlich geschulten Medizinerin wollte man diese bis dahin unerklärlichen Phänomene von Nahtoderlebnissen und außersinnli-

* Siehe u. a. Gary Doore, *Gibt es ein Leben nach dem Tod?* (München 1994). Zu den Beiträgern zu diesem Sammelband gehören bedeutende Wissenschaftler wie Stanislav Grof, Stanley Krippner, Rupert Sheldrake und Ken Wilber, sowie namhafte Vertreter des spirituellen Lebens wie Sogyal Rinpoche und Ram Dass.

chen Wahrnehmungen nicht abnehmen. Dabei ist es gerade ihre wissenschaftliche Suche nach Wahrheit, die sie veranlasst, authentische Erfahrungen von Patienten und eigene, die sie in außergewöhnlichen Situationen ihres Lebens gemacht hat, ernst zu nehmen. Ihre Erkenntnis, dass es den Tod als Ende des Lebens schlechthin nicht gibt, sondern dass der Tod lediglich der Übergang zu einer neuen Form des Daseins ist, wird von Skeptikern noch immer bezweifelt oder lächerlich gemacht, aber die Zeit steht auf der Seite dieser Forschungen. Was einst als pure »Mystik« in Verruf war, öffnet sich allmählich, doch unaufhaltsam der wissenschaftlichen Erforschung.

Elisabeth Kübler-Ross wurde für ihre Arbeit mit zwanzig Ehrendoktoraten ausgezeichnet und von der angesehenen Frauenzeitschrift *Ladies' Home Journal* zur »Frau des Jahres« gewählt. Nur wenige wussten, wie einsam das Leben dieser erfolgreichen Frau war, wenn sie von einem Veranstaltungsort zum anderen jettete, wie viele Stunden sie im Flugzeug und in unpersönlichen Hotelzimmern verbrachte. Von Tausenden mit »standing ovations« gefeiert, wenn sie in überfüllten Sälen oder Stadien ihre Vorträge hielt, war sie doch die meiste Zeit allein.

Eine Serie von Schlaganfällen hat das Leben von Elisabeth Kübler-Ross drastisch verändert. Halbseitig gelähmt und an den Rollstuhl gefesselt, bewältigt sie in ihrem einsamen Haus in der Wüste von Arizona nun die letzte Stufe ihres Lebens. Dass sie die Kraft hat, sich dieser härtesten Lektion zu stellen und ihre schweren und kostbaren Erfahrungen anderen mitzuteilen, beweist ihr jüngstes Buch *Geborgen im Leben.* Es enthält die Summe ihrer Erfahrungen, ihr Vermächtnis zu Lebzeiten. Die Ernte ihres Lebens ist in der Tat reich.

Das vorliegende Lesebuch stellt Texte aus den in deutscher Sprache erschienenen Büchern von Elisabeth Kübler-Ross zusammen, die ihren Werdegang und die zentralen Themen ihres Lebenswerks dokumentieren. Insgesamt wurden sechs ihrer Bücher als Quellen herangezogen. Aus ihrem ersten und berühmtesten Buch, *Interviews mit Sterbenden*, ergab sich naturgemäß die umfangreichste Textauswahl. Die wichtigsten Themen ihrer Arbeit mit Sterbenden sind darin angeschlagen: das allgemeine Tabu des Todes, die Phasen des Sterbens, die Sterbenden als Lehrer des Lebens. Je mehr Erfahrungen Elisabeth Kübler-Ross sammelte, desto klarer erkannte sie die Bedürfnisse von Sterbenden, die Hindernisse, die einer Kommunikation mit Menschen in dieser Grenzsituation im Wege stehen, die aus Angst resultierenden Missverständnisse, die symbolische Sprache von Sterbenden, die man erlernen muss, wenn man Sterbende begleiten will. Vor allem sind es immer wieder Kinder, die in diesem Sinne ihre Lehrmeister waren: mit ihrer Reife, ihrer Fähigkeit, den Tod anzunehmen, ihrer Aufrichtigkeit und ihrer Not angesichts der Heuchelei der Erwachsenen. Die Bücher *Was können wir noch tun?, Reif werden zum Tode, Verstehen, was Sterbende sagen wollen*, und *Kinder und Tod* dokumentieren diese Phase ihrer Arbeit.

Mit dem Beginn ihrer weltweiten Vorträge und Seminare setzt die zweite Phase ihres Lebenswerks ein. Aus der »Tod-und-Sterben-Dame«, wie sie sich selbst ironisch nannte, wurde die Therapeutin und Lehrerin des Lebens, eine durch Erfahrung gereifte, weise Frau. In ihren Workshops, dargestellt in *Befreiung aus der Angst*, gewannen verzweifelte und hoffnungslose Menschen wieder Hoffnung und Freude am Leben.

Der sozialen Krise der Aids-Epidemie, der neuen Geißel der Menschheit, ist ein eigenes Buch gewidmet. Die Autorin nimmt die Herausforderung an und erlebt neben der Borniertheit verängstigter und verunsicherter Menschen auch einen bewegenden Durchbruch zu Humanität und Nächstenliebe.

Ihr Einsatz für aidskranke Kinder sollte sich als verhängnisvoll erweisen. Nach der Zerstörung ihres Hauses durch Brandstiftung und den durch dieses Trauma verursachten Schlaganfällen zog sie sich in die Wüste von Arizona zurück, und man hörte jahrelang nichts mehr von ihr. Dann meldete sie sich, für viele überraschend, mit einem neuen Buch zu Wort. *Das Rad des Lebens* ist ihre mit Hilfe eines Ghostwriters verfasste Autobiographie, in der sie zum ersten Mal einem breiteren Publikum Rechenschaft über ihre Nahtodforschung und ihre außersinnlichen Erfahrungen gibt.

Dass sie, immer noch schwer leidend, es zusammen mit ihrem Ko-Autor David Kessler, geschafft hat, ein weiteres Buch zu schreiben, ist ein Triumph des schöpferischen Willens. *Geborgen im Leben* fasst die wichtigsten »Lektionen des Lebens« anhand von Fallgeschichten zusammen und gibt Zeugnis von ihren eigenen Erfahrungen mit Schmerz und Todesnähe. Ihre geistige Kraft ist ungebrochen. Sie ist noch immer unbeugsam, wenn es um ihre Überzeugung geht, aber sie spricht mit Demut von der eigenen menschlichen Unvollkommenheit. Was sie von ihren Freunden, den sterbenden Patienten, gelernt hat, muss sie nun selbst umsetzen. *Geborgen im Leben* ist eines ihrer gehaltvollsten und berührendsten Bücher.

Elisabeth Kübler-Ross ist bereit zu sterben und hat nicht die leiseste Angst vor dem Tod, aber es ist ihr bestimmt zu leben, um an ihrer Krankheit zu reifen und ihr Werk der Aufklärung fortzusetzen. Immer deutlicher wird, dass es in ihrer Arbeit vor allen Dingen um das *Leben* geht und die Anleitung zu einem authentischen, erfüllten Leben, das einzige Mittel gegen die Todesangst. Aus der »atheistischen Halbgläubigen« ist ein tief spiritueller Mensch geworden, eine, die »das Licht« gesehen hat. Ihre größte Gewissheit ist die Macht der Liebe, das Einzige, was der Mensch mit »hinüber« nehmen kann, und das Einzige, was am Tag der Abrechnung zählt. Das ist eine alte Botschaft, aber in einer Zeit der Wortinflation bedarf sie mehr denn je einer zeitgemäßen Aussage jenseits von Klischees und abgedroschenen Phrasen. Was man dieser Frau abnimmt, predigt der Pfarrer oft vergebens. Die größte Heilkraft ist die Liebe. Es ist die Liebe, die ein wahrhaft schöpferisches Leben ermöglicht. Es ist die bedingungslose Liebe, die Frieden stiftet. Wenn wir zu der Erkenntnis kommen, wie weit wir von dieser Liebe entfernt sind; wenn wir uns der Sehnsucht nach ihr als der Grundbedingung des inneren Friedens bewusst werden, hat das Lebenswerk von Elisabeth Kübler-Ross auch diejenigen berührt, die es nur aus ihren Büchern kennen.

Möge dieses Lesebuch dazu anregen, sich mit den Fragen zu beschäftigen, die wir so gern vor uns herschieben oder an andere delegieren. Kann man sich wirklich auf den Tod einlassen und das Leben meinen? Die Arbeit von Elisabeth Kübler-Ross gibt uns Gewissheit, dass es so ist.

Verleumdungen und Missverständnisse haben diese Arbeit begleitet, aber auch die Dankbarkeit und Liebe von Tausenden, ungeachtet ihrer Herkunft und weltanschaulichen Zugehörigkeit. Was Elisabeth Kübler-Ross zu sagen hat, ist eine Botschaft für alle in einer Zeit wachsender Bedrohung. Es ist möglich, die Angst zu überwinden und die unerledigten Dinge, die uns am Leben hindern, zu bereinigen. Es ist möglich, durch das Dunkel hindurch zur Freude und schöpferischen Lebensgestaltung zu gelangen.

Das grosse Tabu

Die Angst vor dem Tod

Noch in Denver kam Tochter Barbara zur Welt. 1965 übersiedelten EKR und ihre Familie nach Chicago, wo sie als Dozentin für Psychiatrie ans Billings Hospital, das der Universität von Chicago angegliedert war, berufen wurde.

Studenten der Theologie hatten von ihrer ungewöhnlichen Vorlesung über Tod und Sterben in Denver gehört und baten sie um einen ähnlichen Unterricht, um für ihren künftigen Beruf besser gerüstet zu sein. Damit kam ein Stein ins Rollen. Es entwickelten sich die Interviews mit Sterbenden im Rahmen einer interdisziplinären Lehrveranstaltung für Medizinstudenten, Ärzte, Krankenschwestern, Seelsorger und Angehörige anderer sozialer Berufe, die schließlich zu ihrer weltweiten Tätigkeit führten. Ein Bildbericht im Life Magazine *und ihr Buch* Interviews mit Sterbenden *machten EKR mit einem Schlag berühmt. Sie hatte eines der heißesten Eisen der westlichen Gesellschaft angefasst: die Angst vor dem Tod und den Umgang mit Sterbenden. Sie wollte diese Angst verstehen: Was liegt ihr zugrunde? Wie kommt es, dass andere Kulturen ein natürlicheres, angstfreies Verhältnis zum Tod haben?*

In der Vergangenheit haben Epidemien ihren Tribut an Menschenleben gefordert; die Sterblichkeit von Säuglingen und Kleinkindern war so hoch, dass kaum eine Familie davon verschont blieb. Doch in den letzten Jahrzehnten hat sich die Medizin gewandelt; umfassende Impfungen haben viele Krankheiten praktisch ausgerottet, jedenfalls in Westeuropa und den Vereinigten Staaten. Die Chemotherapie hat vor allem durch die Antibiotika die Todesfälle bei Infektionskrankheiten entscheidend vermindert. Dank besserer Kinderpflege und -erziehung erkranken und sterben weniger Kinder. Die vielen Krankheiten, denen früher so viele Menschen in der Jugend und in mittleren Jahren erlagen, sind besiegt worden. Die Zahl alter Menschen steigt und damit auch die Anzahl alter Leute mit bösartigen oder chronischen Leiden.

Heute sind es weniger die akuten und lebensbedrohenden Situationen, die dem Kinderarzt Sorge bereiten, sondern die wachsende Zahl von Patienten mit psychosomatischen Störungen und Schwierigkeiten in Anpassung und allgemeinem Verhalten. In den Wartezimmern sitzen mehr Menschen mit seelischen Problemen als je zuvor, aber auch immer mehr ältere Menschen, die nicht nur versuchen müssen, sich mit ihren schwindenden körperlichen Kräften abzufinden, sondern auch mit bedrückender, von Ängsten erfüllter Einsamkeit. Da die meisten von ihnen nie zum Psychiater kommen, müssen sich andere Berufsgruppen ihrer annehmen, etwa kirchliche Seelsorger oder Fürsorger. Diesen Helfern vor allem möchte ich zunächst anschaulich machen, wie sehr sich das Leben seit einigen Jahrzehnten gewandelt hat, denn gerade diese Veränderungen führen zu steigender Angst vor dem Tod, zu immer neuen psychischen Problemen und einem wachsenden Bedürfnis nach Verständnis und Anteilnahme, wenn es um Sterben und Tod geht. Schon die ältesten Kulturen lassen erkennen, dass der Mensch den Tod immer gefürchtet hat – und das wird sich vermutlich auch nie ändern. Der Psychiater kann es am einfachsten damit erklären, dass wir im tiefsten Grunde unseres Herzens, im Unterbewusstsein davon überzeugt sind, dass wir selbst unmöglich vom Tode betroffen werden können. Unbewusst sträuben wir uns gegen die Vorstellung, dass unser Leben auf der Erde ein Ende haben könnte; und wenn wir einsehen müssen, dass uns eine Grenze gesetzt ist, schieben wir das auf irgendeine böse Einwirkung von außen, auf einen anderen. Mit anderen Worten: In unserem Unterbewusstsein können wir nur getötet werden; es ist uns unvorstellbar, dass wir an einer natürlichen Ursache, dass wir einfach am Alter sterben könnten. Tod verbindet sich in unserem Unterbewusstsein mit einer furchtbaren Untat, die nach Vergeltung und Strafe schreit.

Diese psychologische Gegebenheit darf man nicht außer Acht lassen, weil sie für das Verständnis der wichtigsten und sonst kaum begreiflichen Mitteilungen unserer Patienten sehr wesentlich ist. Zum Verständnis der Zusammenhänge müssen wir ferner wissen, dass unser Unterbewusstsein nicht zwischen einem Wunsch und einer Tat unterscheiden kann. Wir alle kennen die alogischen Träume, in denen zwei einander sonst aufhebende Tatbestände nebeneinander existieren; was sich im Traum überzeugend und anschaulich vollzieht, ist für unser waches Bewusstsein unvorstellbar und widerspricht jeder Logik. Unser Unterbewusstsein, das nicht zwischen dem Wunsch, jemanden umzubringen, und der vollbrachten Tat unterscheiden kann, verhält sich wie das kleine Kind, das zu solcher Unterscheidung ebenfalls nicht imstande ist: Wenn es eines Tages wünscht, die Mutter solle tot umfallen, weil sie seine Wünsche nicht erfüllt hat, wird es von einem schweren Trauma betroffen, falls die Mutter wirklich stirbt – selbst wenn inzwischen viel Zeit vergangen ist. Es fühlt sich mehr oder weniger schuld an ihrem Tod und gesteht sich selbst – in seltenen Fällen auch anderen – ein: »Ich bin schuld, ich war böse, und deshalb hat meine Mutter mich verlassen.«

Ähnlich reagiert ein Kind übrigens auch auf den Verlust, wenn die Ehe der Eltern aufgehoben wird; Kinder halten oft den Tod für einen vorübergehenden Zustand, der ihnen genau wie eine Scheidung immer noch die Hoffnung lässt, den verlorenen Vater oder die Mutter doch wiederzusehen. Viele Eltern erinnern sich gewiss an Bemerkungen ihrer kleinen Kinder wie: »Ich will meinen Hund jetzt begraben. Im Frühling, wenn die Blumen wiederkommen, kommt er auch wieder raus.« Vielleicht steckt eine ähnliche Vorstellung hinter dem Brauch der alten Ägypter, ihre Toten mit Nahrung und anderen

Dingen zu versorgen, oder dem der Indianer, die ihre verstorbenen Angehörigen mit allem Hab und Gut beerdigten.

Wenn wir heranwachsen und erkennen, dass es mit unserer Machtvollkommenheit nicht weit her ist und dass auch unsere stärksten Wünsche nicht die Kraft haben, Unmögliches möglich zu machen, dann verblasst die Angst, dass wir am Tode eines geliebten Menschen schuld sein könnten; und mit der Angst verliert sich das Schuldgefühl. Doch die Angst verschwindet nicht völlig und darf nicht zu sehr herausgefordert werden, denn sonst stellen sich Folgen ein, die wir täglich in den Wartezimmern der Krankenhäuser und bei den Hinterbliebenen beobachten können.

So mag sich ein Ehepaar zwar ein Leben lang gestritten haben, doch wenn einer von beiden stirbt, kann es durchaus sein, dass der Überlebende jammert und klagt, sich das Haar rauft und reuevoll an die Brust schlägt, von Qual und Angst und wachsender Furcht vor dem eigenen Ende gepeinigt. Denn nach dem Gesetz »Auge um Auge, Zahn um Zahn« glaubt er: »Ich bin an ihrem – seinem – Tod schuld, und zur Strafe werde ich elend zugrunde gehen.«

Von hier aus erklären sich die uralten Bräuche und Riten, die den Zorn der Götter – manchmal auch der Menschen – beschwichtigen und die unvermeidliche Strafe wenigstens mildern sollten: Asche auf Haar und Gesicht, zerrissene Kleider, dichte Schleier, das Jammern der Klageweiber – alles soll Mitleid mit den Trauernden wecken und Schmerz und Reue sichtbar zum Ausdruck bringen. Der Trauernde, der sich an die Brust schlägt und sich das Haar rauft, versucht in einer Art Selbstbestrafung die Strafe, die er für seinen Anteil am Tode des geliebten Wesens zu erwarten hat, aufzuheben oder doch zu mildern.

Dieser Schmerz, diese Reue und das Schuldgefühl sind den Gefühlen von Zorn und Wut nah benachbart – im Klagen liegt immer auch etwas von Zorn. Und da keiner von uns den Zorn auf einen Verstorbenen eingestehen möchte, werden solche Emotionen oft getarnt oder unterdrückt, oder sie verlängern die Trauerzeit und machen sich auf andere Weise bemerkbar. Es sind natürliche und durchaus menschliche Reaktionen, und sie sollten nicht als schlecht oder beschämend bewertet, sondern einfach zur Kenntnis genommen werden.

Zur Verdeutlichung wieder das Kind – sagen wir, das Kind in uns selbst: Der Fünfjährige, der seine Mutter verliert, gibt sich selbst die Schuld an ihrem Verschwinden, aber er ist auch aufgebracht, weil die Mutter ihn verlassen hat und nicht mehr für ihn sorgt. Das Kind sehnt sich nach der Verstorbenen, aber da sie ihm einen so schweren Verlust zugefügt hat, hasst es sie mit der gleichen Gefühlsstärke.

Für die alten Hebräer war ein Leichnam unrein und durfte nicht berührt werden; die Indianer glaubten an böse Geister, die sie mit Pfeilen zu vertreiben suchten, andere Kulturen haben andere Riten entwickelt, um sich gegen den »bösen« Toten zu wehren: Dahinter steht der Zorn, der immer noch jeden von uns antreibt, auch wenn wir es nicht wahrhaben wollen. Vermutlich sollten Grabsteine ursprünglich die bösen Geister tief im Boden festhalten; Kiesel, die manche Trauernde auf die Grabstätten legen, erinnern jetzt noch an diese uralte Vorstellung. Gewiss empfinden wir heute die Salve bei einem militärischen Begräbnis als letzte Ehrung, doch der Brauch deutet auf das symbolische Ritual, das der Indianer vollzog, wenn er die Luft mit Speeren und Pfeilen durchbohrte.

Die Beispiele sollten zeigen, dass sich der Mensch kaum gewandelt hat – immer noch ist der Tod ein Schrecknis und die Angst vor ihm allgegenwärtig, selbst wenn wir glauben, sie auf manchen Kulturstufen überwunden zu haben.

Ich erinnere mich an den Tod eines Bauern in meiner Kindheit. Er fiel vom Baum und wurde tödlich verletzt. Seine einzige Bitte, daheim sterben zu dürfen, erfüllte man sofort. Nacheinander rief er jede Tochter ans Bett, um ein paar Minuten mit ihr allein zu sprechen. Trotz großer Schmerzen ordnete er ruhig seine Angelegenheiten und verfügte über das Hab und Gut, das zu Lebzeiten seiner Witwe nicht aufgeteilt werden sollte; er bat jedes Kind, die Arbeiten und Pflichten auf sich zu nehmen, die er bis zu seinem Unfall selbst geleistet hatte. Seine Freunde wurden gebeten, ihn noch einmal zu besuchen, und obwohl ich damals noch klein war, nahm er mich und meine Geschwister von diesem Abschiedsbesuch nicht aus. Wir durften an den Vorbereitungen der Familie und an ihrer Trauer teilnehmen. Als der Bauer gestorben war, blieb er bis zur Beerdigung in dem Haus, das er selbst gebaut und sehr geliebt hatte, blieb unter Freunden und Nachbarn. Man kennt dort nicht die Aufbahrungsräume, die wie ein Schlafzimmer aufgemacht sind, nicht das Make-up, das friedlichen Schlaf vortäuscht. Nur die Spuren sehr entstellender Leiden werden mit Binden verhüllt, und nur bei ansteckenden Krankheiten holt man die Leiche vor der Bestattung aus dem Trauerhaus.

Ich berichte so ausführlich von dieser »altmodischen« Sitte, weil sie nach meiner Ansicht zeigt, wie man das unausweichliche Ende des Lebens würdig annehmen kann; sie hilft dem Sterbenden und seiner Familie, die sich mit seinem Verlust abfinden muss. Der Patient, der in der vertrauten Umgebung sterben darf, braucht sich weniger anzupassen, denn die Familie kennt ihn gut genug, um auch einmal ein beruhigendes Medikament durch ein Glas Wein zu ersetzen; der Duft der im Hause bereiteten Suppe regt ihn vielleicht an, ein paar Löffel Flüssigkeit zu sich zu nehmen, was auf jeden Fall angenehmer als eine Infusion ist. Nichts gegen Beruhigungsmittel und Infusionen! Aus meiner Erfahrung als Ärztin auf dem Lande weiß ich, dass sie oft ein Leben retten und dass sie unvermeidlich sind. Aber ich weiß genau so gut, dass Geduld, eine vertraute Hand und gewohnte Speisen viele Flaschen intravenöser Flüssigkeiten ersetzen können, die nur verabreicht werden, weil sie physiologisch notwendig sind und nicht zu viel Personal und keine individuelle Pflege voraussetzen.

Wenn man den Kindern gestattet, in dem von einem Unglück getroffenen Haus zu bleiben und sich an Gesprächen und Sorgen zu beteiligen, lässt man sie in ihren Ängsten nicht allein, sondern gewährt ihnen den Trost, dass sie an der gemeinsamen Verantwortung und Trauer teilhaben. Es bereitet sie darauf vor, den Tod als Teil des Lebens aufzufassen, und lässt sie an dem Erlebnis wachsen und reifen.

Völlig anders verhält sich die Gesellschaft, für die der Tod tabu ist, die Gespräche über das Sterben als morbid ablehnt. Man hält die Kinder fern, weil es für sie »zuviel« sein könnte, schickt sie zu Verwandten, speist sie mit ungeschickten Lügen wie »Mutter macht eine lange Reise« ab. Das Kind fühlt, dass etwas nicht stimmt, und sein Misstrauen gegen die Erwachsenen vertieft sich, wenn von allen Seiten neue Varianten der Lüge hinzukommen. Seine Fragen werden überhört, sein ängstlicher Verdacht wird nicht zur Kenntnis genommen, Geschenke sollen dürftigen Ersatz für den Verlust bieten, mit dem sich das Kind nicht auseinandersetzen darf. Früher oder später erkennt es die veränderte Familiensituation und empfindet, je nach Alter und Persönlichkeit, in unbewältigtem Kummer das Ereignis als Schrecken oder Geheimnis, auf jeden Fall aber als ein traumatisches Erlebnis, das ihm die unzuverlässigen Erwachsenen aufgebürdet haben.

Es ist um kein Haar besser, ein kleines Kind über den Verlust eines Bruders mit der Behauptung zu »trösten«, der liebe Gott habe die kleinen Jungen so lieb, dass er Johnny zu sich geholt habe. Noch die erwachsene Frau, die man als kleines Mädchen damit abgespeist hatte, konnte den Groll gegen Gott nicht verwinden, und als sie selbst ihren kleinen Sohn verlor, reagierte sie mit einer krankhaften Depression.

Man sollte ja eigentlich annehmen, dass unsere Emanzipation, unsere Naturwissenschaft und die neuen Erkenntnisse über die menschliche Natur uns bessere Wege und Mittel gewiesen hätten, uns selbst und unsere Angehörigen auf das unvermeidliche Ereignis vorzubereiten. Doch im Gegenteil: Die Zeiten sind vorbei, in denen ein Mensch in Frieden und Würde sterben durfte.

Je tiefer wir in die Naturwissenschaften eindringen, umso mehr scheinen wir die Realität des Todes zu fürchten und zu verleugnen. Wie ist das möglich?

So wie wir von Tod und Sterben in beschönigenden Umschreibungen zu reden pflegen, richten wir – in Amerika – die Toten so her, dass sie wie sanft Schlummernde aussehen. Falls wir einem Sterbenden gönnen, sein Ende zu Hause abzuwarten, schicken wir die Kinder fort, um sie vor Sorge und Unruhe zu schützen, und wir erlauben ihnen auch nicht, die sterbenden Eltern im Krankenhaus zu besuchen. Wir führen ausgiebige Diskussionen, ob man einem Patienten die Wahrheit über seinen Zustand mitteilen sollte – ein Problem, das sich kaum stellt, wenn der Kranke vom Hausarzt betreut wird, der ihn und die Schwächen und Stärken aller Angehörigen seit Jahren kennt.

Sicher gibt es mehrere Motive für die Flucht vor der Realität des Todes, doch das wichtigste liegt vielleicht in der Tatsache, dass Sterben heute grausamer als früher ist, so einsam, so mechanisiert und unpersönlich, dass man zuweilen nicht mehr angeben kann, in welchem Augenblick der Tod eintritt.

Die Einsamkeit, die unpersönliche Behandlung setzen schon ein, wenn der Kranke aus der gewohnten Umgebung herausgerissen und hastig ins Krankenhaus geschafft wird. Wer sich jemals in solchem Augenblick nach Ruhe und Trost gesehnt hat, vergisst niemals, wie man ihn auf die Trage packte und mit heulenden Sirenen ins Krankenhaus transportierte: Der Transport ist der Beginn einer langen Leidenszeit. Schon der Gesunde erträgt kaum die Geräusche, das Licht, die Pumpen, die vielen Stimmen, die den Kranken im Notaufnahmeraum überfallen. Vielleicht sollten wir mehr an den Patienten unter seinen Decken und Laken denken, sollten unsere gut gemeinte Tüchtigkeit und Hast einen Augenblick vergessen, dem Kranken die Hand halten, ihm zulächeln und seine Frage beantworten. In vielen Fällen ist der Transport ins Krankenhaus schlicht die erste Phase des

Sterbens. Wenn ich in diesem Zusammenhang immer wieder an den Gegensatz zu dem Kranken erinnere, der in seiner gewohnten Umgebung bleiben darf, will ich damit natürlich nicht sagen, dass man ein Leben aufgeben sollte, das in der Klinik vielleicht noch gerettet werden könnte: Ich möchte nur dazu auffordern, mehr als zur Zeit an die Situation des Kranken und seine Reaktionen zu denken. Häufig scheint man dem schwerkranken Patienten das Recht auf eine eigene Meinung abzusprechen, wenn man bestimmt, ob er ins Krankenhaus gebracht werden soll. Aber es kann ja schließlich nicht so schwierig sein, sich daran zu erinnern, dass der Kranke selbst Gefühle, Meinungen und vor allem das Recht hat, gehört zu werden.

Im Notaufnahmeraum der Klinik entfaltet sich sofort die Geschäftigkeit von Schwestern, Pflegern, Assistenzärzten; vielleicht stellt sich eine Laborantin zur Blutabnahme ein, ein Spezialist, der das Elektrokardiogramm machen will; vielleicht packt man den Kranken auf den Röntgentisch. Jedenfalls fängt er hier und da eine Bemerkung über seinen Zustand oder entsprechende Fragen an seine Angehörigen auf. Langsam, unausweichlich beginnt man ihn als Gegenstand zu behandeln, er hört auf, eine Person zu sein. Oft entscheidet man gegen seine Wünsche, und wenn er sich dagegen aufzulehnen versucht, verabreicht man ihm ein Beruhigungsmittel. Nach langen Erörterungen rollt man ihn vielleicht in den Operationssaal oder in eine Station für Intensivbehandlung, wo er zum Gegenstand intensiver Bemühungen und großer finanzieller Investitionen wird.

Er mag um Ruhe, Frieden und Würde flehen – man wird ihm Infusionen, Transfusionen, die Herz-Lungen-Maschine, eine Tracheotomie (Luftröhrenschnitt) verordnen – was eben medizinisch notwendig erscheint. Vielleicht sehnt er sich nur danach, dass ein einziger Mensch einmal einen Augenblick bei ihm stillhält, damit er ihm eine einzige Frage stellen kann – doch ein Dutzend Leute macht sich rund um die Uhr an ihm zu schaffen, kümmert sich um seine Herz- und Pulsfrequenz, um Elektrokardiogramm und Lungenfunktionen, um seine Sekrete und Exkremente – nur nicht um ihn als Persönlichkeit. Auflehnung hilft nichts, denn alles wird ja nur getan, um sein Leben zu erhalten – und wenn man es retten kann, ist ja später immer noch Zeit, an ihn als Individuum zu denken. Wer zuerst den gesamten Menschen in Betracht zieht, könnte darüber wertvolle Zeit zu seiner Rettung verlieren! Das jedenfalls scheint die Begründung oder Rechtfertigung der ganzen Betriebsamkeit zu sein – oder ist es ganz anders? Liegt die Ursache dieser immer mehr mechanischen, unpersönlichen Behandlung in uns selbst, in unserer eigenen Abwehrhaltung? Können wir vielleicht nur auf diese Weise mit den Ängsten fertig werden, die ein schwer oder hoffnungslos Erkrankter in uns selbst auslöst? Konzentrieren wir uns auf Blutdruckmesser und andere Instrumente, weil wir den drohenden Tod nicht sehen wollen, der so furchtbar und erschreckend ist, dass wir unser ganzes Wissen auf Apparaturen übertragen? Denn Instrumente bedrücken uns weniger als die leidenden Züge eines menschlichen Wesens, das uns wieder einmal an die eigene Ohnmacht erinnert, an unsere Grenzen, unser Versagen, unsere eigene Sterblichkeit.

Vielleicht müsste die Frage lauten: Werden wir menschlicher oder unmenschlicher? Dieses Buch will nicht die Antwort geben; doch wie sie auch immer ausfallen würde, steht eines doch fest: Der Patient leidet mehr, und wenn nicht körperlich, so doch in seinem Gefühlsleben. Seine Bedürfnisse haben sich im Laufe von Jahrhunderten nicht geändert, wohl aber unsere Fähigkeit, ihnen nachzukommen.

Aus: *Interviews mit Sterbenden*, S. 9–16.

Verhaltensweisen gegenüber Tod und Sterben

Der Anteil der Gesellschaft an der Abwehrhaltung

Im Folgenden geht es nicht mehr um die individuelle Reaktion auf Tod und Sterben, sondern um die Frage, was mit dem Menschen in einer Gesellschaft geschieht, die dazu neigt, den Tod zu ignorieren und den Gedanken an ihn zu vermeiden. Auf welche Weise trägt sie dazu bei, die allgemeine Angst vor dem Tod zu steigern? Was vor allem geht in der Medizin vor sich, wenn man sich tatsächlich fragen muss, ob sie überhaupt noch ein humanes und achtbares Arbeitsfeld bietet oder ob sie nicht zu einer neuen, von der Persönlichkeit abgelösten Wissenschaft geworden ist, die sich eher um Verlängerung von Leben als um die Milderung menschlicher Leiden bemüht? Wenn Studenten zwar unter einem Dutzend Vorlesungen über Ribonukleinsäuren und Desoxyribonukleinsäuren wählen, aber keine Erfahrungen im Umgang des Arztes mit dem Patienten sammeln können – was früher schließlich zum ABC jedes Hausarztes gehörte? Was geht in einer Gesellschaft vor, die mehr Wert auf den Intelligenzquotienten und den sozialen Status legt als auf so einfache Voraussetzungen wie Takt, Einfühlungsvermögen, Einsicht und Zurückhaltung im

Umgang mit Kranken? In einer Gesellschaft der Professionellen, die den jungen Mediziner wegen seiner Forschungs- und Laborarbeit in seinen ersten Ausbildungsjahren bewundert, obwohl ihm die Worte fehlen, wenn er einem Kranken eine Frage beantworten soll? Von Fortschritt könnte man überhaupt erst dann sprechen, wenn wir die Ausbildung in den neuen technischen und wissenschaftlichen Bereichen mit einer ebenso gründlichen über die Art und die Herstellung der Beziehung von Mensch zu Mensch verbinden würden – aber gewiss nicht, wenn der junge Mediziner die neuesten Erkenntnisse um den Preis von Menschenkenntnis und Kunst der Menschenbehandlung erwirbt.

Wohin treibt eine Gesellschaft, die den Akzent auf Zahlen und Massen statt auf den Einzelnen legt? Zur Zeit rechnet jede medizinische Fakultät mit steigenden Studentenzahlen; der Trend strebt fort von der alten Lehrer-Schüler-Beziehung zum unpersönlichen Unterricht durch Fernsehen, Filme und Tonbänder.

Diese Akzentverschiebung vom Einzelnen auf die Masse hat sich auf anderen Gebieten noch dramatischer vollzogen – man bemerkt sie überall, wenn man die Wandlungen der letzten Jahrzehnte überdenkt. In alter Zeit konnte der Mann seinem Gegner ins Auge sehen und hatte eine faire Chance, wenn er auf seinen persönlichen Feind stieß. Heute werden Soldaten wie Zivilisten von Massenvernichtungsmitteln bedroht, die ihnen keine Chance mehr lassen – nicht einmal die, dass man die Gefahr kommen sieht. Die Vernichtung kann aus blauem Himmel heraus Tausende töten wie in Hiroshima; sie kann als Gas oder als eine andere Spezialität der chemischen Kriegführung kommen, unsichtbar, schleichend und alles zerstörend. Es ist nicht mehr der Mann, der für seine Rechte und Überzeugungen, die Sicherheit und Ehre seiner Familie kämpft – heute gerät die ganze Nation mit Frauen und Kindern in die Gewalt des Krieges, und jedermann wird mittelbar oder unmittelbar bedroht: Wissenschaft und Technik haben dazu beigetragen, dass die Furcht vor der Vernichtung und damit die Angst vor dem Tod immer noch ansteigt ...

Eine ganze Nation, eine ganze Gesellschaft, die an der Furcht und der Verleugnung des Todes leidet, kann sich offenbar nur noch durch Vernichtung wehren: Kriege, Aufstände, immer neue Morde und andere Verbrechen könnten durchaus auf unsere schwindende Fähigkeit deuten, dem Tod mit Würde und Bejahung ins Gesicht zu sehen. Vielleicht müssen wir uns wieder dem einzelnen menschlichen Wesen zuwenden, ganz von vorn anfangen und dann versuchen, den eigenen Tod zu fassen und zu lernen, diesem tragischen, doch unausweichlichen Geschehen mit weniger Verwirrung und Angst entgegenzusehen.

Welche Rolle hat die Religion in dieser Epoche der großen Veränderungen gespielt? Sicherlich haben früher mehr Menschen als heute an Gott geglaubt; sie vertrauten auf ein Jenseits, das von Qual und Schmerz erlösen sollte; der Himmel hielt den Lohn bereit, und wenn wir hier auf Erden viel gelitten hatten, sollten wir nach unserem Tode so belohnt werden, wie es die Geduld, Tapferkeit und Würde, mit der wir unsere Bürde getragen hatten, verdienten. Dieser Glaube führte zu einer völlig anderen Einstellung zum Leiden: Schmerz war etwas Alltägliches, eine Entbindung ein natürlicher, langer und schmerzvoller Vorgang – doch die Mutter sah mit wachen Augen auf das Neugeborene. Leiden hatte Sinn und wurde belohnt. Heute geben wir den Gebärenden Sedativa, um Angst und Schmerz zu verscheuchen; man kann sich sogar bemühen, die Geburt am Geburtstag eines Verwandten oder auf keinen Fall an einem bestimmten Datum stattfinden zu lassen. Viele Mütter, die viel zu sehr unter Mitteln stehen, erleben die Geburt ihres Kindes im Grunde gar nicht, sondern wachen erst Stunden später auf. Wozu denn auch leiden, wenn es Medikamente gegen den Schmerz wie gegen das Hautjucken gibt! Da der Glaube dahin ist, dass irdisches Leiden im Himmel belohnt wird, ist auch das Leiden an sich zwecklos geworden.

Immer weniger Menschen glauben ja auch an ein Leben nach dem Tode, das an sich vielleicht schon zu den Vorstellungen gehört, mit denen wir unsere Sterblichkeit leugnen. Wenn wir uns aber kein Leben nach dem Tode vorstellen können, haben wir uns mit dem Tode abzufinden; und wenn Leiden zwecklos geworden ist, weil es nicht mehr im Himmel belohnt wird, können wir auch mit der alten Funktion der Kirche nichts mehr anfangen, die uns tröstete, uns Hoffnung gab und Tragödien und unerträglich schmerzlichen Ereignissen unseres Lebens einen Sinn verlieh.

Man muss sich eigentlich wundern, dass bei der wachsenden Neigung unserer Gesellschaft, den Tod zu verleugnen, die Religion trotzdem so viele ihrer Anhänger verloren hat, die an ein Leben nach dem Tode- also tatsächlich an den Nicht-Tod – geglaubt haben. Der Leidende selbst hat aus diesem Verzicht nichts gewonnen: Wer die Sterblichkeit aus religiösen Gründen nicht wahrhaben wollte, konnte Hoffnung aus seinem Glauben schöpfen, doch die Verleugnung des Todes, wie sie von unserer Gesellschaft geübt wird, bietet weder Hoffnung noch überhaupt einen Sinn, sondern steigert nur unsere Angst und unseren Vernichtungswillen, unsere Aggressivität: Wir töten – auch –, um der Wirklichkeit aus dem Wege zu gehen und nicht unserem eigenen Tod ins Gesicht blicken zu müssen.

In der Gesellschaft der Zukunft werden vielleicht immer mehr Menschen »am Leben erhalten«, wobei Maschinen lebenswichtige Organe ersetzen und Computer von Zeit zu Zeit feststellen, ob weitere physiologische Funktionen von einer elektronischen Apparatur übernommen werden müssen; vermutlich wird es immer neue Zentren geben, die alle technischen Daten sammeln, bis ein Lichtsignal anzeigt, dass der Patient tot und die Apparatur ausgeschaltet worden ist ...

Der Beginn eines interdisziplinären Studienseminars über Tod und Sterben

Im Herbst 1965 baten mich vier Studenten des Chikagoer Theologischen Seminars um Unterstützung bei einem besonderen Vorhaben: Ihr Jahrgang hatte Arbeiten über das Thema »Krisen im Menschenleben« zu schreiben, und die vier wollten sich mit Tod und Sterben als der schwersten Krise für den Menschen beschäftigen. Allerdings standen sie dabei sofort vor der Frage, wie sie die Unterlagen für ihre Untersuchungen bekommen und wie sie ihre eigenen Überlegungen erhärten sollten, wenn doch Experimente von vornherein ausgeschlossen schienen. Nach einiger Beratung beschlossen wir, uns an die Patienten selbst zu wenden und sie zu bitten, unsere Lehrer zu werden. Wir wollten Schwerkranke beobachten, ihre Reaktionen und Bedürfnisse feststellen, die Einstellung der Umgebung untersuchen und den Sterbenden bei allem so nahe sein, wie sie es uns gestatten würden.

Der Anfang sollte in der folgenden Woche mit einem sterbenden Patienten gemacht werden; wir setzten schon Zeit und Ort fest und rechneten mit glatter, unkomplizierter Durchführung unseres Planes. Da die Studenten nie in einer Klinik gearbeitet und keine Erfahrung im Umgang mit Sterbenden hatten, war vorauszusehen, dass sie vielleicht mit Gefühlsausbrüchen reagieren würden; deshalb wollte ich selbst die Befragung vornehmen, während die Studenten nur zuhören und beobachten sollten. Anschließend wollten wir in meinem Arbeitszimmer über die Antworten der Patienten und unsere eigenen Reaktionen sprechen. Wir rechneten damit, dass eine ganze Reihe solcher Befragungen unser Verständnis für Schwerkranke stärken würde, was wir dann nach Kräften zu ihrem Besten nutzen wollten.

Im Übrigen gingen wir absichtlich ohne weitere Vorbereitungen an die Sache heran – wir befassten uns weder mit einschlägiger Literatur noch mit den Krankengeschichten, um vor allem unvoreingenommen zu beobachten. Wir vermieden es sogar, irgendwelche Erwartungen zu äußern. Sobald wir aber unsere eigenen Beobachtungen zu Papier gebracht hatten, wollten wir alles Material heranziehen, das wir bekommen konnten. Der ganze Versuch sollte also unsere Aufnahmefähigkeit für die Bedürfnisse Todkranker verbessern und die zunächst etwas erschrockenen Studenten dadurch abhärten, dass sie nun mit Todkranken aller Altersstufen und jeder Herkunft zu tun bekämen.

Unsere Pläne gefielen uns. Erst ein paar Tage später entdeckten wir, dass wir die Rechnung ohne den Wirt gemacht hatten.

Ich bat Ärzte verschiedener Abteilungen und Stationen um Erlaubnis zum Besuch schwerkranker Patienten, stieß aber auf ablehnende Reaktionen auf allen Seiten, von ungläubiger Verblüffung bis zu abruptem Themawechsel. Und schließlich erhielt ich nicht ein einziges

Mal die Genehmigung, mich auch nur in die Nähe eines solchen Patienten zu wagen. Manche Ärzte »schützten« ihre Kranken mit der Auskunft, dass sie zu krank, zu müde, zu schwach oder zu einsilbig seien; andere erklärten unumwunden, sie möchten mit solchen Experimenten nichts zu tun haben. Allerdings muss ich zu ihrer Rechtfertigung anführen, dass ich gerade erst mit der Arbeit in diesem Krankenhaus begonnen hatte und niemand mich, meinen Stil und meine Arbeitsweise bis dahin kennen gelernt hatte. Ich konnte nichts tun, als ihnen versichern, dass die Patienten nicht beunruhigt werden sollten und dass keiner, der bis dahin die Wahrheit über seinen Zustand nicht kannte, sie durch mich erfahren würde. Ich hatte bereits in anderen Krankenhäusern Erfahrungen im Umgang mit Sterbenden gesammelt, was die Ärzte hier allerdings nicht wussten.

Die Ärzte waren nicht geneigt, selbst über Tod und Sterben zu sprechen, und wollten andererseits ihre Patienten vor der schockierenden Begegnung mit einem noch unbekannten, gerade erst aufgenommenen Mitglied der Fakultät schützen. Plötzlich schien es im ganzen großen Haus keinen sterbenden Patienten zu geben – meine Anrufe und Besuche auf den Stationen blieben völlig umsonst. Einige Kollegen meinten höflich, dass sie die Sache noch einmal überlegen wollten, andere erklärten rundheraus, die Befragung würde die Kranken zu sehr aufregen; eine Krankenschwester fragte mich empört, ob es mir etwa Spaß machte, einem Zwanzigjährigen zu erklären, dass er nur noch ein paar Wochen zu leben habe. Sie ging, ehe ich sie über unser Vorhaben informieren konnte.

Als wir dann schließlich einen Patienten bekamen, freute er sich sichtlich über die Gelegenheit, sich auszusprechen. Doch als er mich bat, Platz zu nehmen, erklärte ich ihm, dass ich am nächsten Tag mit dem Interview beginnen wolle, und zwar in Gegenwart meiner Studenten; ich merkte leider nicht, dass ich einen Fehler beging, als ich seine Bereitschaft nicht richtig zu würdigen verstand: Schon dieser erste Fall zeigte mir, dass man die Stunde nutzen muss, wenn der Patient sagt: »Bitte, nehmen Sie *jetzt* bei mir Platz« – am nächsten Tag kann es zu spät sein. Als wir den Kranken am Tag darauf aufsuchten, war er zu schwach zum Sprechen, hob nur kraftlos die Hand und flüsterte: »Vielen Dank, dass Sie es versucht haben ...« Er starb noch vor Ablauf einer Stunde und nahm mit sich, was er uns mitteilen wollte und was wir doch so brennend gern von ihm gehört hätten. Es war unsere erste und schmerzlichste Lektion, aber es war ein Anfang, der Anfang eines Experimentes, das für viele zu einem Erlebnis wurde.

Nach diesem Besuch am Krankenbett kamen die Studenten zu mir in mein Arbeitszimmer. Wir hatten das Bedürfnis, über die Reaktionen jedes einzelnen zu sprechen, um sie verständlich zu machen; daraus entwickelte sich ein Verfahren, das wir bis heute nicht aufgegeben haben. Äußerlich hat sich also wenig verändert. Wir besuchen einmal in der Woche einen kritisch Erkrankten, bitten ihn um Erlaubnis, das Gespräch auf Tonband aufzunehmen, und überlassen es ihm, wie lange er sich mit uns unterhalten will. Für diese Gespräche steht uns jetzt ein besonderer Raum zur Verfügung, in dem wir von den Teilnehmern des Seminars gehört und gesehen werden können, selbst aber nichts von ihnen merken. Da aus vier Studenten nach und nach fünfzig Teilnehmer geworden sind, brauchten wir eine entsprechende Einrichtung.

Wenn uns ein Patient genannt wird, der für unser Seminar in Frage kommen könnte, gehen wir allein – oder in Begleitung des Stationsarztes, eines Studenten, des Anstaltsgeistlichen – zu ihm und erklären ihm nach kurzer Vorbereitung klar und konkret den Zweck und den Zeitplan unserer Arbeit. Ich sage jedem Kranken, dass eine Gruppe von Angehörigen verschiedener Berufe, die aber alle mit dem Krankenhaus in Verbindung stehen, vom Patienten lernen möchte; dass es sehr wichtig sei, mehr über die Gedanken schwerkranker und todkranker Patienten zu wissen. Falls wir merken, dass der Patient überhaupt bereit ist, sich mit uns zu unterhalten, warten wir ab, wie er mit Worten oder schweigend auf unsere Erklärung reagiert.

Aus: *Interviews mit Sterbenden*, S. 17–21 passim, 26–29.

Die fünf Phasen des Sterbens

Schon in der Schweiz hatte EKR als junge Landärztin die Beobachtung gemacht, dass Menschen, die mit ihrem baldigen Tod konfrontiert sind, in der Regel fünf Phasen des Sterbens durchmachen. In der Phase des Nichtwahrhabenwollens ist der Schock so groß, dass der Betreffende jeden Strohhalm ergreift, um den Tod zu leugnen. In der Phase des Haderns nimmt der Mensch zur Kenntnis, dass er selbst der Betroffene ist, dass also kein Irrtum vorliegt, und wehrt sich in einem Ausbruch von Zorn gegen sein Schicksal oder gegen Gott. Darauf folgt die Phase des Verhandelns, in der man dem bevorstehenden Tod noch eine Frist abringen möchte. In der Phase der Depression hat der Kranke endgültig erkannt, dass keine medizinische Hilfe mehr möglich ist. Diese Phase der Trauer und des inneren Rückzugs von der Außenwelt mündet schließlich in die Phase der Resignation und der Annahme des Todes. In dieser letzten Phase kann der Patient zu innerem Frieden und zur Aussöhnung mit seinem Schicksal gelangen. Oft hat ein Patient im Endstadium ein großes Schlafbedürfnis als »letzte Rast vor der langen Reise«.

Die einzelnen Phasen des Sterbens sind bei verschiedenen Menschen unterschiedlich ausgeprägt. Sie können in anderer Reihenfolge auftreten, und es kommt vor, dass eine Phase übersprungen wird. Wie gut ein Mensch sie bewältigt, hängt entscheidend von dem Umfeld ab, etwa wie seine Angehörigen sich verhalten, wie verständnisvoll das Pflegepersonal ist etc.

Die erste Phase: Nichtwahrhabenwollen

Die meisten der über zweihundert Patienten, die wir befragt haben, hatten auf die Erkenntnis ihrer bösartigen Erkrankung zunächst mit »ich doch nicht, das ist ja gar nicht möglich!« reagiert, und zwar diejenigen, denen man die Wahrheit sofort mitteilte, wie auch die anderen, die nach und nach selbst dahinter kamen. Eine Patientin hat uns das lange, aufwendige Ritual – wie sie selbst es nannte – geschildert, mit dem sie die Erkenntnis von sich abzuwehren suchte. Überzeugt, dass die »Röntgenaufnahme irgendwie vertauscht worden« sei, verlangte sie die Bestätigung, dass ihr Name versehentlich auf einen anderen Befund geraten sei; als man ihr den Gefallen nicht tun konnte, verließ sie sofort die Klinik und suchte einen Arzt nach dem anderen auf, erhielt bald bestätigende, bald beruhigende Auskünfte, verlangte immer neue Untersuchungen und wusste insgeheim doch nur zu gut, dass die erste Diagnose stimmte. Nun hoffte sie, dass man falsche Rückschlüsse daraus gezogen habe, hielt aber ständigen Kontakt mit einem Arzt aufrecht, um »jederzeit«, wie sie sagte, Hilfe zur Hand zu haben.

Mit solchem gequälten Nichtwahrhabenwollen reagiert ein Patient besonders dann, wenn er unvermittelt und zu früh durch jemanden informiert wird, der ihn und seine Abnahmebereitschaft nicht wirklich kennt oder »es schnell hinter sich haben« will. Fast alle Patienten versuchen, die Krankheit vor sich selbst abzuleugnen, und nicht nur im ersten Augenblick, sondern auch später immer wieder einmal. Jemand hat gesagt: »Wir können nicht lange in die Sonne blicken, und wir können dem Tod nicht immer ins Auge sehen«: Auch der Kranke, der sein Ende als Möglichkeit erkannt hat, muss sie ab und zu doch leugnen, um das Leben überhaupt fortsetzen zu können.

Dieses Verhalten hilft sicher einem Patienten, mit einer quälenden, von Schmerzen beherrschten Situation fertig zu werden, die mancher lange Zeit ertragen muss: Das Nichtwahrhabenwollen schiebt sich wie ein Puffer zwischen den Kranken und sein Entsetzen über die Diagnose; er kann sich wieder fangen und andere, weniger radikale Wege zur inneren Verteidigung suchen. Trotzdem ist er vielleicht bereit, ja erleichtert und befriedigt, wenn er mit einem anderen Menschen über sein bevorstehendes Ende sprechen kann; freilich muss die Unterhaltung dann stattfinden, wenn er selbst, nicht der Gesprächspartner, dazu bereit ist, und es muss abgebrochen werden, sobald der Patient zu erkennen gibt, dass er die Tatsachen nicht mehr erträgt und sie wieder abstreiten möchte. Der Zeitpunkt für ein solches Gespräch ist weniger wichtig; man wirft uns oft vor, dass wir uns mit Kranken schon dann über

Tod und Sterben unterhalten, wenn der Arzt mit gutem Grund dem Patienten noch eine längere Frist einräumt. Doch ich ziehe es vor – immer unter der Voraussetzung, dass der Kranke selbst es wünscht –, mit ihm darüber zu sprechen, solange er noch bei Kräften ist. Wie ein Patient es formulierte, droht der Tod weniger erschreckend, wenn er noch »meilenfern« ist, als wenn er »vor der Tür« steht. Natürlich ist es auch für die Familie ein Vorteil, wenn die Gespräche über notwendige Umstellungen, finanzielle Sicherungen und so fort mit dem Kranken geführt werden können, solange er noch bei Kräften ist. Meistens werden die Unterhaltungen nicht im Interesse des Patienten hinausgeschoben, sondern weil wir selbst in unserer eigenen Einstellung unsicher sind.

Das Nichtwahrhabenwollen ist meistens nur eine vorübergehende Phase, die bald durch wenigstens teilweise Akzeptierung abgelöst wird. Die meiner Meinung nach seltenen Fälle, in denen der Kranke seine Krankheit bis zum Tode leugnen kann, müssen nicht unbedingt durch solches Ausweichen verschlimmert werden. Ich habe bei unseren zweihundert Todkranken nur drei Patienten erlebt, die bis in den Tod seine Drohung nicht wahrhaben wollten. Zwei Frauen darunter sprachen zwar einmal kurz vom Sterben als »unvermeidlichem Übel, das sich hoffentlich im Schlaf ereignet«, oder »ich hoffe, dass er ohne Schmerzen kommt«, dann aber nahmen sie ihre frühere Haltung wieder ein und wichen dem Bewusstsein ihrer Krankheit aus.

Die dritte Patientin, wie die beiden anderen eine unverheiratete Frau in mittleren Jahren, hatte offensichtlich ihr Leben lang die unangenehmen Dinge verdrängt. Sie weigerte sich standhaft, ihre sichtbare, geschwürige Brustkrebsgeschwulst behandeln zu lassen. Bis zur letzten Stunde bewahrte sie sich ihren Glauben; sie gehörte zur Christian Science. Ein Teil von ihr muss trotz der beharrlichen Leugnung aber doch die Realität anerkannt haben, denn kurz vor ihrem Tode war sie mit Einweisung in die Klinik und Behandlung einverstanden. Als ich sie vor dem geplanten Eingriff besuchte, sprach sie davon, dass man ihr »einen Teil der Wunde ausschneiden« wolle, »damit sie besser heilt«. Bei wiederholten Besuchen wurde mir klar, dass sie sich vor allen Äußerungen von Ärzten und Pflegepersonal fürchtete, die ihr das Nichtwahrhabenwollen unmöglich gemacht hätten; sie wollte also nichts über Krebs hören. Je schwächer sie wurde, um so grotesker machte sie sich zurecht. Der sonst diskret verwendete Lippenstift wurde dick aufgetragen, sie wählte immer leuchtenderes Rot, bis sie schließlich wie ein Clown wirkte. Ebenso leuchtend und farbenfroh wurde auch ihre Kleidung. Sie vermied es zuletzt, in den Spiegel zu blicken, versuchte aber immer noch, mit bunter Maskerade den Verfall und die Verzweiflung zu verdecken. Wenn man sie fragte, ob man etwas für sie tun könne, antwortete sie: »Kommen Sie morgen.« Sie sagte niemals »Gehen Sie bitte«, oder »Lassen Sie mich in Ruhe«, sondern deutete die Möglichkeit an, dass ihre Reserven an Abwehr am nächsten Tag erschöpft sein könnten, so dass sie dringend Beistand brauchte. Ihre letzte Bemerkung lautete: »Ich glaube, ich kann nicht mehr.« Sie starb knapp eine Stunde danach.

Die meisten Patienten bleiben nicht so lange bei der Taktik des Ausweichens; sie sprechen ab und zu völlig realistisch über ihre Krankheit, geben dann aber oft plötzlich zu erkennen, dass sie nicht länger imstande sind, die Dinge beim Namen zu nennen. Diesen Augenblick, in dem sich der Kranke der Wahrheit wieder entziehen möchte, gilt es zu erkennen. Vielleicht unterhält er sich eine ganze Weile über wesentliche Lebensfragen, bringt vielleicht auch einige Gedanken über das Sterben und das Leben nach dem Tode vor, um dann unvermittelt das Thema zu wechseln oder fast alles zurückzunehmen, was er bis dahin gesagt hat. Wer ihm in diesem Augenblick zuhört, würde ihn nicht für einen Schwerkranken halten. Für uns ist der Themawechsel ein Zeichen dafür, dass sich der Kranke jetzt angenehmeren Vorstellungen hingeben möchte, und wir überlassen ihn seinen Tagträumen von erfreulichen Situationen, wenn sie auch in der seinen absurd wirken mögen. (Mehrmals haben wir festgestellt, dass Patienten sich in scheinbar völlig unmögliche Situationen hineinträumen, die sich zu unserer Verwunderung dann doch verwirklichen!)

Alle Kranken haben also im Anfang und später immer wieder einmal das Bedürfnis, dem Ernst ihrer Lage auszuweichen; der mitfühlende und aufmerksame Beobachter muss die jeweilige Stimmung erkennen und dem Patienten überlassen, wie er sich von Stunde zu Stunde verteidigen will – er darf ihn nicht auf die Widersprüche aufmerksam machen. Meistens greift der Kranke in einer späteren Phase eher zur Isolierung als zur Leugnung; dann redet er über seine Gesundheit und seine Krankheit, seinen Tod und seine Unsterblichkeit, als wären es Geschwisterpaare, die getrost nebeneinander existieren können – so wie er dem Tod entgegensieht und doch die Hoffnung nicht aufgibt.

Wir haben aber festgestellt, dass viele unserer Patienten dem Ernst ihrer Erkrankung vor allem dann auswichen, wenn sie mit Menschen zu tun hatten, die für sich selbst auch keinen anderen Weg kannten, mit den Gedanken an Tod und Sterben fertig zu werden. Die Kranken stellen oft sehr rasch fest, mit welcher Schwester oder welchem Angehörigen sie realistisch über ihre Krankheit und das drohende Ende sprechen können; alle anderen, die den Gedanken an ihr eigenes Ende nicht ertragen, verschonen sie mit diesen Themen. Das kann natürlich dazu führen, dass die Umgebung die Fähigkeit eines Kranken, sich mit seinen traurigen Aussichten abzufinden, sehr unterschiedlich beurteilt.

...

Aus: *Interviews mit Sterbenden*, S. 41–44.

Die zweite Phase: Zorn

Auf das Nichtwahrhabenwollen folgen meistens Zorn, Groll, Wut, Neid. Dahinter steht die Frage: »Warum denn gerade ich?« Unser Patient Dr. G. formulierte es in einem Gespräch: »Ich nehme an, dass fast jeder in meiner Lage irgendeinen anderen Menschen im Sinn hat und sich fragt: ›Warum denn nicht der?‹ Mir ist das mehrmals durch den Kopf geschossen. Da ist zum Beispiel ein Mann, den ich seit meiner Kindheit kenne, er ist zweiundachtzig und, soweit es ein Sterblicher beurteilen kann, zu nichts in der Welt mehr nütze – rheumatisch, verkrüppelt, schmutzig, keiner möchte an seiner Stelle sein. Und ich musste mir immer wieder sagen: ›Warum trifft es denn nicht den alten George?‹«

In dieser Phase haben es die Familie und das Krankenhauspersonal sehr schwer mit dem Kranken, denn sein Zorn ergießt sich ohne sichtbaren Anlass in alle Richtungen: Die Ärzte taugen einfach nichts, sie wissen nicht, welche Untersuchungen sie vornehmen und welche Diät sie verschreiben sollen; sie halten die Patienten im Krankenhaus fest und nehmen keine Rücksicht auf Sonderwünsche; sie lassen es zu, dass man einen hinfälligen Zimmergenossen bekommt, obwohl man so viel Geld für ein klein wenig Ruhe und Ungestörtheit ausgibt – und so geht es weiter. Die Schwestern werden erst recht zum Ziel des Zorns; was sie nur anfassen, ist falsch. Sobald sie das Zimmer verlassen haben, schrillt die Klingel schon wieder; das Signallicht flammt gerade dann auf, wenn die Schwester ihre Freizeit antreten und ihrer Nachfolgerin noch ein paar Instruktionen übermitteln will. Will sie die Kissen aufschütteln und die Laken glatt streichen, heißt es, dass sie aber auch niemals Ruhe gibt; lässt sie den Kranken allein, wird sie sofort wieder alarmiert: das Bett soll gemacht werden ...

Die Besuche der Familie, ohne Vorfreude und Begeisterung entgegengenommen, werden zu einem Alpdruck, auf den die Angehörigen mit Tränen, mit Schuld- und Schamgefühlen reagieren, den sie nach Möglichkeit vermeiden, so dass sie Unbehagen und Groll des Patienten noch vermehren.

Die Situation wäre weniger bedrückend, wenn wir uns mehr in die Lage des Kranken versetzen und uns fragen würden, woher sein Zorn stammt. Vermutlich wäre jeder von uns voller Groll, wenn er sich plötzlich vom vitalen Dasein ausgeschlossen sähe. Andere Leute bauen jetzt unsere Häuser fertig; unser schwer erarbeitetes Geld kann uns nicht mehr die paar Jahre Ruhe und Vergnügen verschaffen, die wir uns davon versprochen haben. Wie würde sich unser Zorn in solchem Fall auswirken? Wir würden ihn vermutlich ebenso an den Leuten auslassen, die alles noch genießen können, die so betriebsam herumlaufen, während wir uns nicht mehr auf den Füßen halten können; die unangenehme Untersuchungen und langwierigen Krankenhausaufenthalt mit vielen Einschränkungen unserer Freiheit anordnen – selbst aber am Abend das Haus verlassen und ihr Leben genießen. Wir würden genauso voller Groll und Abneigung auf die Leute sehen, die uns stillzuliegen befehlen, damit die Infusion oder die Transfusion nicht noch einmal angelegt zu werden braucht – obwohl wir aus der Haut fahren könnten und irgend etwas tun möchten, um nur zu spüren, dass wir noch »funktionieren«, dass wir noch leben!

Wohin der Patient auch blickt, findet er Anlass zum Zorn. Im Fernsehen sieht er junge Leute bei ihren wilden Tänzen, während er im Bett liegen muss und sich kaum rühren kann; er sieht einen Westernfilm, in dem Männer kalten Blutes umgebracht werden vor den Augen anderer, die seelenruhig ihr Bier trinken – und sofort fällt ihm ein, wie herzlos sich seine Angehörigen und die Schwestern benehmen! Der Nachrichtendienst quillt über von Katastrophen, Kriegen und Zerstörungen, und alles ist doch so weit entfernt – aber seine Tragödie hier wird rasch vergessen sein. Doch das will er nicht, dagegen wehrt er sich, ihn soll man so rasch nicht vergessen! Und er wird laut, er stellt immer neue Ansprüche, beklagt sich, will beachtet werden: »Ich bin noch am Leben, vergesst das nur nicht! Ihr könnt meine Stimme noch hören, ich bin noch nicht tot!«

Wenn der Patient Verständnis findet, wenn man ihm Zeit und Aufmerksamkeit widmet, wird er bald wieder ruhiger werden und weniger fordern. Er weiß, dass man noch mit ihm rechnet, sich um ihn sorgt und ihm ermöglicht, alle noch verbliebenen Fähigkeiten einzusetzen. Er weiß auch, dass er seine Wünsche nicht mit einem Wutausbruch durchsetzen und nicht ständig klingeln muss, weil man gern zu ihm hereinschaut.

Doch leider reagieren wir oft auf den Zorn des Kranken, als sei er gegen uns persönlich gerichtet; dabei bestimmt meistens der Zufall, gegen wen er sich entlädt. Wenn die Schwestern oder die Angehörigen aber verärgert reagieren, geben sie nur seinem Groll neue Nahrung. Immer seltener werden die Besuche, immer kürzer auch die Visiten des Arztes, denn jeder scheut sich, in einen hitzigen Streit zu geraten, um seinen Standpunkt in völlig nebensächlichen Dingen gegen den Patienten zu verteidigen.

Durchaus »vernünftig« war dagegen der von der Krankenschwester provozierte Zornausbruch von Herrn X. Seit Monaten lag er, der früher besonders aktiv gewesen war, fast völlig gelähmt und konnte nur stundenweise vom Beatmungsgerät befreit werden. Er wusste, dass seine Tage gezählt waren, und hatte kaum noch Wünsche; er wollte gern ab und zu in eine andere Lage gebettet werden, und er bat die Krankenschwester, niemals die Seitengitter des Betts hochzuklappen, weil er sich sonst wie in einem Sarg fühlte. Ihr merkte man eine geradezu feindselige Haltung gegen den Patienten an, obwohl sie immerhin privat für ihn engagiert worden war. Sie versprach ihm, die Gitter nie hochzuklappen, weil sie wusste, dass er sich dann vollkommen still verhielt und sie in ihrer Lektüre nicht störte.

Bei meinem letzten Besuch traf ich den sonst so disziplinierten Herrn X. in heftigem Zorn an, der sich in bösen Blicken und heftigen Vorwürfen gegen die Schwester Luft machte. Immer wieder rief er: »Sie haben mich angelogen!« Ich fragte ihn nach dem Anlass für diesen Ausbruch, und er versuchte nur zu erklären, dass die Schwester die Seitengitter hochgeklappt hatte, sobald er sie bat, ihn im Bett aufzurichten, damit er »noch einmal« die Beine über den Bettrand hängen könne. Die Schwester unterbrach ihn immer wieder mit ihren Erklärungen: Sie habe die Gitter hochgeklappt, um ihn aufrichten zu können. Für mich war ihre Bemerkung: »Sonst wären Sie nämlich aus dem Bett gefallen und hätten sich den Kopf aufgeschlagen« sehr aufschlussreich.

Betrachtet man den Vorfall objektiv, dann wird es ganz klar, dass die Krankenschwester ihrer eigentlichen Aufgabe auswich, indem sie sich in die Ecke setzte, Taschenbücher las und den Patienten »um jeden Preis« ruhig zu halten versuchte. Offenbar sträubte sie sich innerlich gegen die Pflege des Todkranken; sie sah ihn nie an, sie versuchte nie, ein Gespräch zu beginnen, sie war einfach nur physisch anwesend, innerlich aber meilenweit von ihrem Patienten entfernt. Die junge Frau war offenbar nur auf diese Weise imstande, ihre berufliche Pflicht zu erfüllen, und im Unterbewusstsein wünschte sie seinen Tod herbei, wie ihr Ausspruch »... sonst hätten Sie sich den Kopf aufgeschlagen« ungewollt verriet. Er sollte ruhig, wie im Sarg, liegen bleiben. Wenn er anders gebettet werden wollte, reagierte sie empört auf dieses unerwünschte Zeichen von Leben. Gewiss, es war die Nähe des Todes, die sie maßlos erschreckte; doch ihre Forderung, dass er so unbeweglich liegen sollte, steigerte seine Angst vor der Starre, vor dem Tod. Er konnte sich nicht mitteilen, er war stumm, isoliert und hilflos der Agonie und dem aufgestauten Zorn ausgeliefert.

Aber als sie dann seinen Wunsch, aufgesetzt zu werden, mit einer weiteren Einschränkung beantwortete, ihn sozusagen zwischen Gittern einsperrte, machte sich sein Zorn Luft. Wenn sie sich nicht wegen ihrer destruktiven Wünsche schuldig gefühlt hätte, wäre sie vermutlich nicht auf den Streit eingegangen, und die Szene hätte nicht stattgefunden. Dann hätte der Patient nicht mehr die Möglichkeit gehabt, sich einmal seinen Zorn vom Herzen zu reden – so aber war es ihm gegönnt, ein paar Stunden danach etwas erleichtert zu sterben.

Mit diesen Beispielen möchte ich nur zeigen, wie notwendig es ist, dass wir den begründeten oder den unbegründeten Zorn des Patienten tolerieren. Dazu sind wir natürlich nur imstande, wenn wir uns nicht fürchten und nicht innerlich wehren. Wir müssen lernen, unserem Patienten zuzuhören und manchmal auch unbegründeten Ärger hinzunehmen, weil wir wissen, dass es ihn erleichtert, den Groll einmal auszusprechen, dass es ihm hilft, die letzten Stunden des Lebens gelassener hinzunehmen. Wir sind nur dann dazu imstande, wenn wir unsere eigene Angst vor dem Tode und auch unsere destruktiven Wünsche erkannt haben und wissen, welche unserer Abwehrhaltungen mit unserer Sorge für den Patienten in Widerspruch geraten könnten.

Aus: *Interviews mit Sterbenden*, S. 50–54.

Die dritte Phase: Verhandeln

Die dritte, meist nur flüchtige Phase ist weniger bekannt, für den Patienten aber oft sehr hilfreich. Wenn wir in der ersten nicht imstande sind, die Tatsachen anzuerkennen, und in der zweiten mit Gott und der Welt hadern, versuchen wir in der dritten vielleicht, das Unvermeidliche durch eine Art Handel hinauszuschieben: »Wenn Gott beschlossen hat, uns Menschen von der Erde zu nehmen, und all mein zorniges Flehen ihn nicht umstimmen kann – vielleicht gewährt er mir eine freundliche Bitte.« Jeder von uns kennt ja die Reaktion von Kindern, die erst fordern, dann artig bitten. Unser »Nein« quittieren sie mit Auflehnung, mit Füßestampfen und Einschließen im eigenen Zimmer – jedenfalls lehnen sie uns vorübergehend ab. Dann aber kommt die Besinnung – ob man es nicht auf andere Weise versuchen sollte? Das Kind taucht wieder auf, übernimmt freiwillig Arbeiten, zu denen wir es unter normalen

Umständen nie bewegen können, und schlägt schließlich vor: »Wenn ich die ganze Woche artig bin und jeden Abend das Geschirr spüle – darf ich dann?« Natürlich besteht die Aussicht, dass wir auf den Handel eingehen; das Kind erhält, was wir zunächst verweigert hatten.

Der todkranke Patient wendet dieselbe Taktik an und hofft, für sein Wohlverhalten belohnt zu werden. Sein Hauptwunsch ist fast immer eine längere Lebensspanne, dann aber auch ein paar Tage ohne Schmerzen und Beschwerden. Eine Patientin, Opernsängerin, konnte wegen einer bösartigen und entstellenden Erkrankung am Kiefer nicht mehr auftreten und sehnte sich doch nur danach, »noch ein einziges Mal wieder auf der Bühne zu stehen«. Als sie einsah, dass es unmöglich war, gab sie die vielleicht erschütterndste Vorstellung ihres Lebens: Sie sprach im Seminar unmittelbar zu den Zuhörern, ohne Einweg-Spiegelglas. Und hier vor diesem Publikum berichtete sie über ihren Lebensweg, ihre Erfolge und ihre Tragödie – bis ein Anruf sie zurückbeorderte, weil Arzt und Zahnarzt bereitstanden, ihr alle Zähne zu ziehen, damit die Bestrahlungstherapie fortgesetzt werden konnte. Sie hatte sich so sehr gewünscht, noch einmal – vor uns – singen zu dürfen, bevor sie ihr Gesicht für immer verbergen musste.

Eine andere Patientin war wegen unerträglicher Schmerzen und Beschwerden auf schmerzstillende Spritzen angewiesen und deshalb an die Klinik gebunden.

Trotz ihrer Krankheit bereitete einer ihrer Söhne auf ihren Wunsch seine Hochzeit vor, und sie bangte darum, diesen Tag trotz allem miterleben zu dürfen. Unseren vereinten Bemühungen gelang es, ihr so viel Selbsthypnose beizubringen, dass sie einige Stunden einigermaßen schmerzfrei überstehen konnte, und am Tage vorher verließ sie tatsächlich die Klinik, eine elegante, strahlende Frau, »der glücklichste Mensch der Welt«, dem man den wahren Zustand nicht anmerkte. Ich fragte mich, was sie wohl hinterher sagen würde, nach dem Tag, um den sie so gefeilscht hatte. Ich werde den Augenblick nicht vergessen, an dem sie wieder in der Klinik eintraf, etwas müde und erschöpft. Bevor ich ein Wort hervorbrachte, rief sie schon: »Denken Sie daran: Ich habe noch einen anderen Sohn!«

Im Grunde feilscht der Patient immer um einen Aufschub, verspricht Wohlverhalten und setzt selbst eine Frist, nach der er – wie er verspricht – nichts mehr erbitten will. Und doch hat keiner unserer Patienten »sein Versprechen gehalten«. Jeder verhält sich in dieser Situation wie der kleine Junge, wenn er sagt: »Wenn du mich heute gehen lässt, will ich auch nie mehr meine Schwester schlagen.« Natürlich wird er es wieder tun, natürlich wird die Opernsängerin immer wieder versuchen, noch einmal vor Publikum zu singen. Unsere Patientin konnte ohne Bühne nicht leben und verließ unser Krankenhaus, bevor ihr die Zähne gezogen wurden. Die andere Patientin konnte uns erst wieder gegenübertreten, als wir die

Tatsache zur Kenntnis genommen hatten, dass sie noch einen Sohn besaß, an dessen Hochzeit sie teilzunehmen wünschte.

Meistens wird der Handel mit Gott geschlossen, streng geheim gehalten und höchstens in der Sprechstunde des Seelsorgers angedeutet. Bei unseren Einzelunterredungen ohne Publikum haben wir festgestellt, dass viele Patienten als Preis für eine etwas längere Frist ihr »Leben Gott widmen«, »sich dem Dienst der Kirche« weihen wollen. Andere versprachen, Teile ihres Körpers oder auch den ganzen »der Wissenschaft« zu vermachen, wenn die Ärzte ihre wissenschaftlichen Erkenntnisse zur Verlängerung ihres Daseins nutzen wollten.

Psychologisch gesehen können solche Versprechungen aus einem verborgenen Schuldgefühl stammen; deshalb wäre es gut, wenn die Umgebung entsprechende Bemerkungen des Patienten nicht einfach beiseite schieben wollte. Wenn ein Seelsorger oder ein Psychiater mit etwas Einfühlungsvermögen auf einen solchen Sachverhalt stößt, wird er danach forschen, ob sich der Patient schuldig fühlt, weil er sein Leben lang nicht regelmäßig zur Kirche gegangen ist, oder ob tiefere, unbewusste Hassempfindungen das Schuldgefühl hervorgerufen haben. Dann erweist es sich wieder, wie günstig sich die Zusammenarbeit von Theologen und Medizinern auswirkt, denn oft war es bei uns der Seelsorger, dem solche Ängste zuerst anvertraut wurden. Wir gingen ihnen so lange nach, bis der Patient von seinen irrationalen Ängsten und dem Wunsch nach Bestrafung befreit war; sonst hätte sich das übertriebene Schuldgefühl in weiteren nicht eingehaltenen Versprechungen nach Ablauf der »Frist« manifestiert und sich nur noch verstärkt.

Aus: *Interviews mit Sterbenden*, S. 77–79.

Die vierte Phase: Depression

Wenn der Todkranke seine Krankheit nicht länger verleugnen kann, wenn neue Eingriffe, neuer Krankenhausaufenthalt notwendig werden, wenn immer neue Symptome auftreten und er schwächer und elender wird, dann kann er seinen Zustand nicht immer mit einem Lächeln abtun. Erstarrung, Stoizismus, Zorn und Wut weichen bald dem Gefühl eines schrecklichen Verlustes. Das Verlorene hat viele Facetten: Die Patientin mit Brustkrebs grämt sich über das veränderte Äußere, die Patientin mit Uteruskrebs fühlt sich vielleicht nicht mehr als Frau. Unsere Opernsängerin reagierte mit Schock und tiefster Verzweiflung auf die Aussicht, dass ihr Gesicht unvermeidlich entstellt würde. Und doch war auch das nur einer der Verluste, die jeder Patient in solcher Lage hinnehmen muss ...

Mit etwas Einfühlungsvermögen erkennt man die Ursachen der Verzweiflung und kann unrealistische

Scham- und Schuldgefühle, wie sie oft die erste Form der Depression begleiten, verständnisvoll mildern. Dabei hilft etwa ein Kompliment für die Patientin, die sich nach einem Eingriff nicht mehr als Frau fühlt, oder der Hinweis auf die Möglichkeiten, die Brustoperation zu verdecken. Psychiater, Fürsorger und Geistliche sollten dem Ehemann klarmachen, wie viel er zum Selbstbewusstsein der Patientin beitragen kann. Große Hilfe bedeutet es auch, wenn sich jemand um die Umstellung des Haushalts kümmert, vor allem dann, wenn Kinder oder hilflose alte Leute versorgt werden müssen.

Wir stellen immer wieder fest, wie rasch sich die Depression der Patienten bessert, wenn solche lebenswichtigen Fragen gelöst werden können. Das Interview mit Frau C. ... zeigt, wie verzweifelt eine Frau sein kann, wenn sie sich schon deshalb mit ihrer Krankheit und dem bevorstehenden Tod nicht abfinden kann, weil so viele Menschen versorgt werden müssen und keine Hilfe in Aussicht steht. Frau C. konnte ihre Rolle nicht mehr ausfüllen, fand aber niemanden, der sie ihr abnahm.

Die andere Art der Depression entsteht nicht aus einem bereits erlittenen Verlust, sondern durch einen drohenden. Unsere erste Reaktion auf den Kummer anderer Menschen ist meistens der Versuch, sie aufzuheitern und ihnen zu erklären, dass sie die Dinge nicht grau in grau sehen sollten. Wir fordern sie auf, die lichteren Seiten des Daseins zu beachten – oft aber geben wir damit nur unserem eigenen Bedürfnis nach, weil wir nicht fähig sind, längere Zeit hindurch ein trauriges Gesicht in unserer Umgebung zu ertragen. Gewiss kann das durchaus nützlich sein, falls der Kranke die erste Form der Depression durchmacht: Es hilft der Patientin, wenn sie sich vorstellt, wie ihre Kinder friedlich im Nachbargarten spielen, lustig sind, auf Parties gehen und gute Noten heimbringen, denn alles deutet darauf hin, dass sie trotz der Abwesenheit ihrer Mutter das gewohnte Leben fortsetzen.

Ist die Depression aber der Weg, auf dem sich der Kranke auf den bevorstehenden Verlust aller geliebten Dinge vorbereitet, um sich so die endgültige Annahme seines Schicksals zu erleichtern, dann sind Aufheiterungen und Ermunterung nicht mehr am Platz; wer ihn jetzt immer wieder auf die lichteren Aspekte hinweist, verbietet ihm, über sein nahes Ende nachzudenken. Er muss trauern dürfen. Jeder von uns empfindet unendlichen Schmerz beim Verlust eines einzigen geliebten Wesens – der Kranke aber ist im Begriff, alle und alles zu verlieren, was er geliebt hat. Wer seinen Schmerz ausdrücken darf, kann sich leichter mit seinem Schicksal abfinden und ist denen dankbar, die in diesem Stadium der Depression ruhig bei ihm bleiben, ohne fortwährend zu wiederholen, dass er doch nicht traurig sein soll. Diese zweite Form der Depression verläuft meistens sehr still, im Gegensatz zur ersten, wo der Kranke vieles mitzuteilen, zu besprechen und anzuordnen hat. Der vorbereitende Schmerz braucht kaum Worte; hier kommt es viel eher darauf an, stillschweigend da zu sein und mit einer Geste zu versichern, dass man den Schmerz kennt und teilt. Vielleicht bittet der Patient jetzt auch um ein Gebet, weil er beginnt, sich mehr mit künftigen als mit vergangenen Dingen zu beschäftigen. Zuviel Einmischung von Besuchern, die ihn abzulenken versuchen, fördert seine emotionale Vorbereitung nicht, sondern hemmt sie eher.

Das Beispiel von Herrn H. illustriert diese Phase der Depression, die in seinem Fall noch verstärkt wurde, weil seine Umgebung, besonders seine engste Familie, seine Bedürfnisse nicht erkannte oder nicht verstand. Beide Formen der Depression wurden sichtbar; in der ersten sprach er sein Bedauern über sein »Versagen« in gesunden Tagen aus, über Möglichkeiten, die er im Beisammensein mit der Familie versäumt hatte, über seine Unfähigkeit, besser für sie zu sorgen. Die Depression steigerte sich mit seiner zunehmenden Schwäche und wachsenden Unfähigkeit, die Familie zu versorgen. Die Aussicht auf eine viel versprechende weitere Behandlung heiterte ihn nicht auf, und unsere Gespräche zeigten, dass er bereit war, sich von seinem Dasein zu lösen, dass es ihn beunruhigte, um sein Leben kämpfen zu müssen, obwohl er auf den Tod eingestellt war. Eben diese Unvereinbarkeit von Wünschen und innerer Bereitschaft des Patienten auf der einen und den Erwartungen der Umgebung auf der anderen Seite ruft oft die tiefste Verstörung und den lastendsten Kummer der Patienten hervor.

Wenn alle, die sich beruflich um den Patienten kümmern, diese Unvereinbarkeit oder gar den Konflikt zwischen dem Kranken und seiner Umgebung erkennen und ihn auch der Familie bewusst machen würden, wäre viel getan. Sie müssten darlegen, dass diese Phase der Depression notwendig und heilsam ist, wenn der Patient eines Tages in Frieden und innerer Bereitschaft sterben soll. Denn nur die Kranken, die durch alle Ängste und Verzweiflungen hindurchgegangen sind, erreichen auch dieses Stadium der letzten Zustimmung. Wenn die Familie ihn auf diesem Wege verständnisvoll begleitet, erspart sie ihm sehr viel unnötigen Kummer.

Aus: *Interviews mit Sterbenden*, S. 80–83.

Die fünfte Phase: Zustimmung

Wenn der Kranke Zeit genug hat und nicht plötzlich stirbt, wenn er Hilfe zur Überwindung der ersten Phasen fand, erreicht er ein Stadium, in dem er sein »Schicksal« nicht mehr niedergeschlagen oder zornig hinnimmt. Er hat seine Emotionen aussprechen dürfen, Neid auf die Lebenden und Gesunden, Zorn auf alle, die ihren Tod nicht so nahe vor sich sehen. Er hat den drohenden Verlust so vieler geliebter Menschen und Orte betrauert, und nun sieht er seinem Ende mit mehr oder weniger ruhiger Erwartung entgegen. Er ist müde, meistens sehr schwach und hat das Bedürfnis, oft und in kurzen Intervallen zu dösen oder zu schlafen. Es ist ein anderer Schlaf als in der Zeit der Depression, er dient jetzt nicht zum Atemholen zwischen den Schmerzanfällen, ist kein Ausweichen und keine Erholungspause mehr, sondern nun wächst allmählich das Bedürfnis, die Stunden des Schlafes auszudehnen wie bei Neugeborenen, nur mit umgekehrtem Sinn. Diese Phase bedeutet nicht ein resigniertes und hoffnungsloses »Aufgeben« im Sinne von »wozu denn auch« oder »ich kann jetzt nicht mehr kämpfen«. Solche Bemerkungen, die wir auch oft hören, zeigen zwar ebenfalls an, dass der Kampf zu Ende geht, sie bedeuten aber noch nicht, dass der Kranke sein Los annimmt.

Die Phase der Einwilligung darf nicht als ein glücklicher Zustand verstanden werden: Sie ist fast frei von Gefühlen. Der Schmerz scheint vergangen, der Kampf ist vorbei, nun kommt die Zeit der »letzten Ruhe vor der langen Reise«, wie es ein Patient ausdrückte. In dieser Periode braucht die Familie meistens mehr Hilfe, Unterstützung und Verständnis als der Patient selbst. Er hat ein gewisses Maß von Frieden und Einverständnis erreicht, und nun verengt sich sein Interessenkreis immer mehr; er möchte in Ruhe gelassen und wenigstens nicht durch Nachrichten und Probleme der Außenwelt aufgestört werden. Besucher sind oft nicht willkommen und treffen den Kranken in wenig gesprächiger Stimmung. Der Fernsehapparat schweigt. Unsere Kommunikation beschränkt sich mehr auf Gesten als auf Worte, oft ist es nur eine Handbewegung, die zum Bleiben auffordert. Der Kranke hält unsere Hand und bittet schweigend, bei ihm zu sitzen. Solche Augenblicke des Schweigens können für Menschen, die sich in der Gegenwart Sterbender nicht unbehaglich fühlen, zur sinnvollsten Art der Kommunikation werden. Vielleicht horchen wir gemeinsam auf einen singenden Vogel. Unsere Anwesenheit sagt dem Kranken, dass wir ihm bis zum Ende zur Verfügung stehen werden. Er soll wissen, dass er nicht zu reden braucht, wenn alle wichtigen Angelegenheiten erörtert und geregelt sind und es nur noch eine Frage der Zeit ist, bis sich seine Augen für immer schließen. Er erkennt beruhigt, dass er nicht alleingelassen wird, auch wenn er nicht mehr spricht; sein Blick, ein Zurücksinken in die Kissen sagen oft mehr als alle »lauten« Worte.

Für solche Visiten ist die Abendstunde besonders günstig, wenn die Krankenhausroutine abebbt und für den Patienten wie für den Arzt der Tag zu Ende geht. Der Arzt braucht nicht zu befürchten, dass dieser fast schon private Augenblick am Krankenbett unterbrochen wird. Der Besuch darf kurz sein, denn der Trost für den Patienten liegt vor allem in dem Gefühl, dass er nicht vergessen wird, obwohl man medizinisch kaum noch etwas für ihn tun kann. Der Besucher selbst erlebt, dass das Sterben nicht so entsetzlich ist, wie alle Menschen glauben, die seinem Anblick möglichst aus dem Wege gehen.

Die wenigem Patienten, die bis zum Schluss kämpfen und sich so an die Hoffnung klammern, dass sie kaum die Phase der Zustimmung erreichen, sagen dann eines Tages: »Ich kann einfach nicht mehr.« In diesem Augenblick ist der Kampf beendet; je mehr sie sich bemüht haben, dem unvermeidlichen Tod zu entkommen, um so mehr haben sie sich die endgültige Akzeptierung in Frieden und Würde erschwert. Vermutlich halten aber die Familie und die Umgebung im Krankenhaus gerade diese Patienten für besonders zäh und stark und geben zu verstehen, dass sie die Bereitschaft zum Sterben für feige Ergebung halten, für eine Art Betrug, für die Ablehnung der Angehörigen.

Wie lässt sich aber unterscheiden, ob der Patient tatsächlich »zu früh« aufgibt? Vielleicht trauen wir ihm zu, dass er mit medizinischer Unterstützung noch eine verlängerte Lebensspanne erkämpfen kann. Wie lässt sich das allzu frühe Aufgeben vom Stadium des endgültigen Akzeptierens unterscheiden? Denn wenn wir die beiden Phasen nicht auseinander halten, schaden wir dem Patienten mehr, als wir ihm nützen, stellen enttäuscht fest, dass Erfolge ausbleiben, und machen dem Kranken das Sterben zu einem letzten Erlebnis der Qual …

Aus: *Interviews mit Sterbenden*, S. 99–101.

Sterbende als Lehrmeister

Wie vermittelt man die »Wahrheit«?

Um mit Schwerstkranken und Sterbenden richtig umzugehen, bedarf es der sensiblen Einfühlung in die Patienten, um ihre Signale, die sie oft in einer verschlüsselten Sprache verbergen, wahrnehmen und richtig deuten zu können. Lügen und Heuchelei aus falsch verstandener Rücksicht, um den Kranken zu schonen, sind ebenso fehl am Platz wie die brutale Vermittlung der »Wahrheit« über den Zustand des Patienten. Erforderlich sind eine behutsame Kommunikation und eine Aufrichtigkeit, die Raum lässt für Hoffnung und dem Kranken das Gefühl gibt, nicht allein gelassen zu sein.

Informieren oder nicht – das ist die Frage.

In Unterhaltungen mit Ärzten, Anstaltsgeistlichen und Pflegern und Schwestern fällt uns immer wieder auf, dass sie den Patienten nicht ohne weiteres »die Wahrheit« mitzuteilen wagen. »Welche Wahrheit?« fragen wir dann. Natürlich geht man mit großer innerer Überwindung zu einem Patienten, bei dem sich eine bösartige Erkrankung herausgestellt hat. Manche Ärzte ziehen es vor, die Angehörigen zu unterrichten, doch dem Kranken selbst die Tatsache vorzuenthalten; andere haben ein Fingerspitzengefühl für die Seelenlage des Patienten und können ihm den Ernst der Krankheit klarmachen, ohne ihm jede Hoffnung zu nehmen.

Ich selbst glaube, dass diese Frage niemals zu einem wirklichen Konflikt werden darf; es kann nicht heißen: »Können wir es wagen?«, sondern nur: »Wie kann ich mein Wissen dem Patienten mitteilen?« Um meine Ansicht näher zu begründen, muss ich die unterschiedlichen Erfahrungen erwähnen, die ein Kranker macht, wenn er plötzlich mit seinem eigenen Ende konfrontiert wird. Wie bereits gesagt, ist der Mensch ja nicht freiweg bereit, das Ende seiner Lebenstage ins Auge zu fassen, und wirft nur, wenn es unbedingt sein muss, einen scheuen Blick auf die Möglichkeit seines eigenen Todes. Ein solcher Augenblick kommt sicherlich, wenn man sich über eine lebensbedrohende Krankheit klar werden muss: Wer erfährt, dass er Krebs hat, sieht sich plötzlich mit der Möglichkeit seines Todes konfrontiert.

Oft wird darauf hingewiesen, dass die Patienten eine bösartige Geschwulst mit tödlicher Erkrankung gleichsetzen und beide sozusagen als Synonyme ansehen. Das trifft sicher zu und kann günstig oder auch entsetzlich sein, je nachdem, wie man in diesem entscheidenden Augenblick mit dem Patienten und seiner Familie umgeht. Immer noch führt ein Karzinom in den meisten Fällen zum Tode, obwohl die Zahl echter Heilungen und anhaltender Besserungen ansteigt. Wir sollten ab und zu an Tod und Sterben denken, ehe uns das Leben damit konfrontiert und eine Krebsdiagnose in der Familie uns brutal an die eigene Sterblichkeit erinnert. Es kann sehr heilsam sein, eine Krankheitsperiode zum Nachdenken über den eigenen Tod zu nutzen.

Ein Arzt, der mit seinen Patienten offen über einen Karzinombefund reden kann, ohne damit sozusagen ein Todesurteil auszusprechen, erweist ihm einen großen Dienst. Es ist wichtig, die Tür zur Hoffnung nicht zuzuschlagen: Hinweise auf die Möglichkeit neuer Medikamente, Techniken, Behandlungen und Forschungsergebnisse helfen, den Patienten zu beruhigen; er darf sich nicht gleich für verloren halten, weil die Diagnose auf Krebs lautet, er muss wissen, dass Arzt, Familie und Patient gemeinsam den Kampf aufnehmen werden. Damit mindert sich die Angst vor der Isolierung, Täuschung und Ablehnung, er vertraut auf die Aufrichtigkeit seines Arztes und weiß, dass alles getan wird, was nur möglich ist. Für die Familie ist eine solche verständige Haltung des Arztes ebenso wichtig, weil sich die Angehörigen meistens völlig hilflos fühlen und ängstlich auf den Trost warten, den ihnen der Arzt auf die eine oder andere Weise geben kann; auch die Familie muss überzeugt sein, dass alles getan wird, selbst wenn es das Leben nicht verlängern kann, sondern nur das Leiden mildert.

Ein verständiger Arzt wird eine Patientin, die mit einem Knoten in der Brust zu ihm kommt, auf die Möglichkeit einer bösartigen Geschwulst vorbereiten und ihr erklären, dass sich die Diagnose nach einer Probeexzision stellen lässt – er sollte sie aber auch gleich auf den größeren chirurgischen Eingriff vorbereiten, der bei einem

Karzinom notwendig würde. Die Patientin hat dann Zeit, sich auf die Möglichkeit der bösartigen Erkrankung einzustellen, und wird eher bereit sein, sich auf die größere Operation einzulassen. Wenn sie nach der Probeexzision erwacht, könnte ihr der Arzt erklären: »Wir müssen allerdings nun leider doch noch die größere Operation vornehmen.«

Sollte sie darauf mit »Gott sei Dank, dass es gutartig ist!« reagieren, genügt vielleicht schon die Antwort: »Ich wollte, Sie hätten recht.« Der Arzt sollte dann aber eine Weile ruhig bei ihr sitzen bleiben. Vielleicht gibt die Patientin noch ein paar Tage lang vor, dass sie den Ernst nicht begriffen hat, und es wäre grausam, sie zu zwingen, sich mit den Tatsachen abzufinden, solange ihr Verhalten erkennen lässt, dass sie dazu noch nicht fähig ist. Den Arzt, der ihr zu Beginn die Wahrheit nicht verschwiegen hat, wird sie später, wenn sie dem tödlichen Ernst der Erkrankung nicht mehr ausweichen kann, vertrauensvoll wieder aufsuchen.

Vielleicht reagiert eine andere Patientin auf die Diagnose mit der Frage: »Herr Doktor, wie schrecklich – wie lange habe ich denn noch zu leben?« Die Antwort kann nur in einem Hinweis auf die Fortschritte der Medizin liegen, die auch beim Krebs die Lebenserwartung erhöht haben. Nach meiner Meinung ist es völlig falsch, auch dem gelassensten Patienten eine konkrete Zahl von Monaten und Jahren zu nennen; einmal stimmt sie doch nicht, außerdem sind Ausnahmen nach oben und unten die Regel. Natürlich ist es manchmal notwendig, einen Patienten, der umfangreiche Angelegenheiten zu ordnen hat, von seiner ernsten Lage zu informieren. Mir scheint, es dürfte einem taktvollen Arzt nicht sehr schwer fallen, ihm anzudeuten, dass er wohl seine Dinge ordnen sollte, solange er noch bei Kräften ist. Der Kranke wird den Wink verstehen, den er zu einem Zeitpunkt erhält, wo er noch Hoffnung haben darf, denn Hoffnung brauchen alle Patienten, auch diejenigen, die nach ihren Worten zum Sterben bereit sind. Unsere Interviews haben ergeben, dass alle Kranken an der Hoffnung auf eine verlängerte Lebenszeit festhalten und dass niemand in jedem Augenblick der Krankheit die Hoffnung von sich weist.

Auf Befragen stellten wir fest, dass alle Patienten über den Grad ihrer Krankheit Bescheid wussten, ob man es ihnen nun ausdrücklich mitgeteilt hatte oder nicht; ihre Reaktion hing aber von der Form ab, die der Arzt für die Mitteilung wählte.

Welche Form der Mitteilung ist hier annehmbar? Woher kann der Arzt überhaupt wissen, ob sein Patient eine kurze Mitteilung oder eine lange wissenschaftliche Erklärung hören oder das Thema lieber ganz umgehen möchte – wenn er zu diesem entscheidenden Zeitpunkt den Kranken kaum kennt?

Um die richtige Form zu finden, sind zwei Voraussetzungen nötig: vor allem die Fähigkeit des Arztes, dem eigenen Tod ins Auge zu sehen. Falls das für ihn schwierig ist und er den Tod für ein furchtbares Ereignis und für tabu hält, kann er nicht ruhig und hilfreich mit seinen Patienten darüber reden. Ich spreche hier absichtlich vom »Tod«, auch wenn es zunächst nur um die Diagnose der gutartigen oder bösartigen Geschwulst geht, da sich ja mit dem Begriff Karzinom sofort die Vorstellung von tödlicher Krankheit einstellt. Wenn wir selbst dem Tode nicht gelassen gegenüberstehen, wie könnten wir dann unseren Patienten helfen? Wir können nur hoffen, dass sie uns die entscheidende Frage ersparen; wir machen Visite, reden über allerlei Banalitäten, über das herrliche Wetter und so fort; der sensible Patient spielt mit und spricht vom nächsten Frühling, obwohl er genau weiß, dass er ihn nicht erleben wird. Ärzte, die so verfahren, behaupten immer wieder, dass ihre Patienten die Wahrheit nicht wissen möchten, nie danach fragen und glauben, alles sei in Ordnung: In diesen Fällen hat der Arzt, erleichtert, weil man ihn nicht fragt, dem Patienten die Reaktion sozusagen in den Mund gelegt.

Andere Ärzte, die dem Thema gern aus dem Wege gehen, überlassen es dem Kaplan oder Pfarrer, mit dem Kranken zu sprechen. Das kann natürlich besser sein, als die Wahrheit ganz zu verschweigen. Es kommt aber auch vor, dass der Seelsorger oder die Pfleger und Schwestern dem Patienten die Wahrheit auf ausdrückliche Anweisung des Arztes vorenthalten müssen. Je mehr Nachdruck der Arzt auf diese Anordnung gelegt hat, um so deutlicher enthüllt sie seine eigene Todesangst, vermutlich eindeutiger, als ihm lieb ist. Ärzte, die nicht so viele Vorbehalte gegen das Thema Tod und Sterben haben, nennen auch weniger Patienten, die nicht über den Grad ihrer Erkrankung sprechen wollen. Das bestärkt mich in meiner Auffassung, dass die eigene Einstellung des Arztes zum Tode ihr unmittelbares Echo in der Haltung des Patienten findet. Allerdings ist das erst die eine Seite des Problems.

Wir haben festgestellt, dass die Kranken auf die Konfrontation mit dem Ernst ihrer Krankheit so reagieren, wie sie ihr Leben lang Bedrohungen aufgenommen haben, dass sie also ihren persönlichen Stil, ihre gewohnte Verhaltensweise auch hier nicht aufgeben. Wer gewohnt ist, den Kopf in den Sand zu stecken, tut es auch hier, während Kranke, die sich sonst schwierigen Situationen offen gestellt haben, jetzt auch volle Klarheit bevorzugen. Schon deshalb ist es wichtig, einen neuen Patienten nach seinen Schwächen und Stärken abzutasten.

...

Es geht nicht um die Frage, ob, sondern *wie* man einen Patienten über seine schlechten Aussichten aufklärt. Der Arzt muss zunächst seine eigene Einstellung zum Thema Tod und Sterben überprüfen, um ohne Scheu darüber sprechen zu können, sollte aber auch sorgfältig auf die Hinweise achten, denen er entnehmen kann, in welcher Form der Patient die Mitteilung am besten verträgt. Je mehr Menschen in der Umgebung des Kranken die Diagnose kennen, um so eher wird er ohnehin die Wahrheit ahnen, denn nur wenige Leute können mit solchem Wissen längere Zeit hindurch Unbefangenheit heucheln. Die meisten Patienten lesen die Wahrheit schon aus dem Benehmen der Umgebung, aus der veränderten Behandlung, der ungewohnten Art, wie man sich ihnen nähert, die Stimme senkt, Visiten vermeidet; sie erkennen sie aus den verweinten oder den übertrieben lächelnden Mienen der Angehörigen. Wenn der Kranke merkt, dass Arzt oder Familie nicht imstande sind, darüber zu sprechen, wird er sein Wissen verschweigen, aber er ist dankbar, wenn sich jemand zu einem aufrichtigen Gespräch bereit findet, ohne ihm gleichzeitig die Möglichkeit zu rauben, sich so lange gegen die Resignation zu stemmen, wie es für ihn notwendig ist.

Ein Kranker, der die Wahrheit erkannt hat, verliert das Vertrauen zu dem Arzt, der sie ihm vorenthalten oder ihn mit einer Lüge abgespeist hat, als es noch Zeit gewesen wäre, alle irdischen Angelegenheiten gründlich zu ordnen.

Es ist eine Kunst, schlimme Nachrichten zu übermitteln. Je einfacher es getan wird, umso leichter macht man es dem Kranken. Er ruft sich den Inhalt der Mitteilung später ins Bewusstsein, falls er sie im selben Augenblick noch nicht »hören kann«. Unsere Patienten wollten die Diagnose übrigens lieber im privaten kleinen Raum als in den großen Sälen der Klinik entgegennehmen.

Alle Patienten erklären, dass der Ausdruck von Mitgefühl die Tragik der Mitteilung durchaus überdeckt: Die

Versicherung, dass alles getan wird, dass man niemanden »fallen lässt«, dass es noch Reserven in der Behandlungsmethode gibt, dass auch ein weit fortgeschrittenes Krankheitsstadium immer noch einen Schimmer Hoffnung übrig lässt – das alles ist hilfreich. Der Patient, der seinem Arzt vertraut, hat nun die Zeit, die verschiedenen Reaktionsphasen zu durchlaufen, die ihm helfen, sich mit der schwierigen neuen Lebenslage abzufinden.

Aus: *Interviews mit Sterbenden*, S. 32–36, 39–40.

Hoffnung

Wenn wir unseren todkranken Patienten zuhören, macht es uns immer wieder riefen Eindruck, dass auch diejenigen, die sich mit ihrem Schicksal abgefunden haben und ihre Krankheit durchaus realistisch beurteilen, immer noch mit der Möglichkeit einer besonderen Heilung spielen, an die Entdeckung eines neuen Medikaments glauben, an den »Erfolg eines Forschungsprojekts in letzter Minute«, wie es Herr J. formulierte. Der Hoffnungsschimmer hilft über Tage, Wochen und Monate des Leidens hinweg. Es ist das Gefühl, dass schließlich alles einen Sinn haben muss, dass es sich bezahlt macht, wenn man nur noch eine Weile aushält. Es ist die Hoffnung, dass sich alles am Ende als Albtraum herausstellen wird; dass man eines Morgens aufwacht und der Doktor erklärt, er sei bereit, ein ganz neues, viel versprechendes Mittel an ihm, an gerade diesem einen Patienten zu erproben, so dass er – wie der erste Mensch, der ein neues Herz erhielt – eine besondere Rolle für die Medizin zu spielen hat, eine besondere Mission erfüllen muss. Diese Hoffnung hilft dem Todkranken, bei Verstand zu bleiben und alle Untersuchungen über sich ergehen zu lassen – sie verspricht sozusagen eine Rechtfertigung des Leidens. Für andere bedeutet Hoffnung eine flüchtige, aber notwendige Periode des Ableugnens. Was es auch immer sein mochte: Wir stellten fest, dass alle Patienten Hoffnung hegten und sich in besonders schwierigen Perioden von ihr tragen ließen. Sie vertrauten vor allem den Ärzten, die Raum zu solcher – berechtigten oder unrealistischen – Hoffnung ließen, und waren dankbar, wenn ihnen statt schlechter Nachrichten Hoffnung geboten wurde. Freilich soll der Arzt nicht zu einer Lüge greifen – es genügt, dass er die Hoffnung auf eine unvorhergesehene glückliche Wendung der Dinge nicht ausschließt. Wenn der Kranke keine Hoffnung mehr zu erkennen gibt, ist es meistens ein Zeichen dafür, dass der Tod unmittelbar bevorsteht. Vielleicht sagt er: »Doktor, ich glaube, ich habe es bald hinter mir«, oder: »Nun ist es wohl soweit.« Ein Patient, der immer noch von einem Wunder gesprochen hatte, empfing uns eines Morgens mit den Worten: »Das Wunder ist geschehen: Ich bin bereit, ich fürchte mich nicht mehr.« Alle Kranken, die sich in solcher Art äußerten, starben binnen vierundzwanzig Stunden. Wir hatten sie immer in ihrer Hoffnung bestärkt, aber sie nicht mehr gewaltsam aufrechterhalten, wenn die Patienten, ergeben und ohne Verzweiflung, selbst auf sie verzichteten.

Hoffnung kann auch zu Konflikten führen, die vor allem zwei Ursachen haben: Besonders schlimm ist es, wenn man in der Familie oder im Krankenhaus erkennen lässt, dass keine Hoffnung mehr besteht, obwohl der Kranke sie noch nicht entbehren kann. Eine Quelle tiefer Pein liegt aber auch darin, wenn sich die Angehörigen noch verzweifelt an einen Hoffnungsschimmer halten, obwohl der Kranke zum Sterben bereit ist und spürt, dass sich die Familie nicht damit abfinden kann ...

Was geht in dem Patienten vor, der scheinbar kurz vor dem Tode stand, von den Ärzten bereits aufgegeben war, sich aber nach entsprechender Behandlung noch einmal erholte? Er war, mehr oder weniger deutlich, bereits »abgeschrieben«. Manchmal hieß es, dass nichts mehr für ihn getan werden könne. Andere Patienten hat man, ihren Tod vorwegnehmend, heimgeschickt. Doch manche Kranke, die dann noch mit aller Kunst behandelt wurden, erlebten ein »Comeback« als ein Wunder, als »Entlassung ins Leben« oder als »etwas Extra-Zeit, um die ich nicht gebeten hatte«, je nachdem, wie sie vorbereitet worden waren.

Dr. Bertrand M. Bell gibt den wichtigen Hinweis, dass man jedem Patienten bis zum Schluss die bestmögliche Therapie zuwenden soll und nicht jeden Schwerkranken als Todgeweihten aufgeben darf. Ich möchte es ergänzen: Wir dürfen überhaupt niemals einen Patienten »aufgeben«, er sei nun todkrank oder nicht. Gerade derjenige, dem man medizinisch nicht mehr helfen kann, braucht mindestens so viel Aufmerksamkeit wie ein anderer, der auf seine Entlassung nach Hause wartet. Geben wir ihn auf, wird er sich vermutlich selbst aufgeben, und eine neue medizinische Hilfe käme dann auf jeden Fall zu spät. In solchen Fällen kann es nur heißen: »Ich habe nach bestem Wissen alles Menschenmögliche versucht, um Ihnen zu helfen. Ich werde aber fortfahren, Ihre Lage nach Kräften zu erleichtern.« Dann wird der Kranke seinen Hoffnungsschimmer nicht verlöschen lassen und den Arzt als Freund betrachten, der bis zum Ende zu ihm hält – er braucht sich nicht in dem Augenblick verlassen zu fühlen, in dem die Ärzte keine Hilfe mehr sehen.

Die meisten unserer Patienten haben irgendwann eine Erholungspause erlebt. Manche hatten die Hoffnung aufgegeben, jemals mit anderen Menschen über ihre tiefsten Sorgen sprechen zu können. Viele fühlten sich isoliert und alleingelassen, noch mehr sahen sich von allen wichtigen Entscheidungen ausgeschlossen. Etwa die Hälfte unserer Kranken wurde zeitweilig nach Hause oder in ein Pflegeheim entlassen, um dann später wieder bei uns aufgenommen zu werden. Alle waren einverstanden, vorher über den Ernst ihrer Erkrankung und ihre Hoffnung mit uns zu sprechen, und hielten das Gespräch über Tod und Sterben keineswegs für verfrüht oder hinderlich für ein »Comeback«. Viele Kranke berichteten uns, dass sie sich zu Hause erleichtert und behaglicher fühlten, weil sie vor der Rückkehr in die Familie mit uns über ihre Angelegenheiten gesprochen hatten, und manche wollten sich vor der Heimkehr gern im Beisein der Familien mit uns unterhalten, damit sie endlich die Tarnung fallenlassen und das Beisammensein mit den Ihren genießen konnten.

Es wäre sicher gut, wenn man allgemein mehr über Tod und Sterben als untrennbar mit dem Leben verbundenen Fakten sprechen würde, wie man ja auch ohne Zögern über ein erwartetes Kind redet. Würden diese Themen öfter diskutiert, dann brauchten wir uns nicht zu fragen, ob ein Patient in der Lage ist, mit uns darüber zu reden, oder ob wir damit bis zu seiner letzten Einweisung in unsere Klinik warten sollten. Schließlich sind wir nicht unfehlbar und wissen nicht, wann er zum letzten Mal bei uns liegen wird – wir drücken uns also nur um das Thema herum.

Wir haben niedergeschlagene, fast krankhaft verschlossene Patienten erlebt, mit denen wir über das Endstadium ihrer Krankheit sprachen: Ihre Stimmung hob sich, sie aßen wieder und konnten in einigen Fällen zur Verwunderung der Umgebung noch einmal nach Hause zurückkehren. Ich bin davon überzeugt, dass wir mehr Schaden anrichten, wenn wir das Thema Sterben aussparen, als wenn wir im gegebenen Augenblick am Bett sitzen, zuhören und diese Fragen erörtern.

Der gegebene Augenblick: Er ist wichtig, weil der kranke Mensch sowenig wie der gesunde jederzeit zur Unterhaltung über ernste Themen aufgelegt ist, sondern zuweilen lieber an noch so illusorische angenehme Dinge denkt. Wir müssen dem Patienten zu verstehen geben, dass wir zur Verfügung stehen, wenn er sprechen möchte.

Wenn dieses Buch dazu dient, die Angehörigen und das Pflegepersonal für die unausgesprochenen Mitteilungen der Parienten empfänglich zu machen, erfüllt es seine Aufgabe. Und wenn wir, die wir beruflich mit

Kranken zu tun haben, ihnen und ihren Angehörigen helfen können, die jeweiligen Bedürfnisse aufeinander abzustimmen und sich gemeinsam an die unausweichliche Realität zu gewöhnen, dann ersparen wir ihnen – vor allem der Familie – viel Qual.

Aus: *Interviews mit Sterbenden*, S. 120–123.

Die Angehörigen

Veränderungen im Haushalt und deren Wirkung auf die Angehörigen

Wir können einem todkranken Patienten nicht helfen, wenn wir nicht seine Familie einbeziehen, denn sie spielt in einer Periode der Krankheit eine wichtige Rolle, und ihre Reaktion wirkt nachhaltig auf die Einstellung des Kranken zu seinem Leiden ein: Die schwere Erkrankung und der Krankenhausaufenthalt des Ehemannes bedingen für seine Frau entscheidende Änderungen im Haushalt, die ihr den Verlust an Sicherheit und die Abhängigkeit von ihrem Mann deutlich machen. Sie muss den Tagesablauf an neue, ungewohnte und gesteigerte Ansprüche anpassen und oft geschäftliche und finanzielle Fragen regeln, vor denen sie sich vielleicht bisher gescheut hat.

Die Zeit für die Besuche im Krankenhaus und die Versorgung der Kinder während der Abwesenheit der Mutter müssen vorausbedacht und geregelt werden. Kinder reagieren außerdem auf die unmerklichen oder drastischen Veränderungen der häuslichen Atmosphäre. Alles steigert die Belastung für die Hausfrau, die zudem ohne den Rat und die Hilfe des Partners auskommen muss.

Sorge um den Kranken, vermehrte Arbeit und Verantwortung rufen das Gefühl wachsender Einsamkeit und oft auch eine gewisse Gereiztheit hervor. Die erwartete Hilfe von Verwandten und Freunden bleibt aus oder nimmt unangebrachte Formen an; nachbarschaftlicher Rat stört oft mehr, als dass er hilft. Andererseits kann eine verständnisvolle Nachbarin, die nicht nur das »Neueste hören« will, sondern auch einmal eine Mahlzeit kocht und die Kinder zum Spielen holt, sehr willkommen sein ...

Für den Mann einer erkrankten Hausfrau ist die Belastung vermutlich noch spürbarer, weil er mit der Versorgung der Kinder, ihren Schulfragen, ihrer Kleidung und ihrem Essen kaum vertraut sein wird. Das Gefühl, einen Verlust erlitten zu haben, stellt sich oft schon dann ein, wenn seine Frau bettlägerig oder nicht mehr voll funktionsfähig ist, so dass er nicht mehr bedient wird, sondern möglichst selbst bedienen soll. Kommt er von der Tagesarbeit nach Hause und sieht seine Frau auf der Couch vor dem Fernsehapparat, dann nützt es wenig, dass er die Gründe genau kennt und respektiert: Unbewusst oder bewusst ist er verärgert. »Warum muss sie denn gerade jetzt krank werden, wo ich mein neues Projekt in Angriff nehme?«, sagte ein Mann zu uns. Solche Reaktionen sind häufig und werden verständlich, wenn wir sie als Ausdruck des Unbewussten hinnehmen: Der Mann reagiert wie das von der Mutter verlassene Kind. Wir übersehen ja oft, dass in jedem von uns noch viel vom Blind vorhanden ist. Man kann solchen Ehemännern schon dadurch helfen, dass man ihnen Gelegenheit zur Aussprache gibt und ihnen möglichst eine Hilfe für den Haushalt verschafft, so dass sie doch einen Abend in der Woche ohne Schuldbewusstsein zum Kegeln gehen und etwas Dampf ablassen können – was in dem Haus, in dem eine Schwerkranke liegt, kaum möglich wäre.

Ich halte es für grausam, von jedem Familienmitglied dauernde Anwesenheit zu erwarten, denn jeder hat es nötig, seine »Batterien aufzuladen«, und zwar außerhalb des Krankenzimmers. Von Zeit zu Zeit müssen wir ein normales Leben führen dürfen, und wir können im nie aussetzenden Bewusstsein der Krankheit nicht voll funktionieren. Ich habe schon oft Klagen über ein Familienmitglied gehört, das einen Wochenendausflug machte, Theater oder Kino besuchte. Ihm wurde vorgeworfen, dass es sich seines Lebens freute, während zu Hause ein todkranker Angehöriger lag. Doch nach meiner Meinung ist es für alle Beteiligten wichtiger, dass der Haushalt nicht völlig durcheinander gerät und die Krankheit nicht allen Angehörigen sämtliche Entspannungsmöglichkeiten raubt. Es ist wohltuender, wenn sich die Familie nach und nach schon auf die Verhältnisse umstellt, mit denen sie sich nach dem Todesfall abzufinden hat. Genauso wenig, wie der Todkranke ständig seinen Tod vor Augen haben kann, ist die Familie imstande, nur noch bei dem Kranken zu sitzen und das normale Leben ganz aufzugeben: Auch der Angehörige hat das Recht, die traurige Wirklichkeit gelegentlich zu leugnen oder ihr aus dem Wege zu gehen, um besser gerüstet zu sein, wenn seine Anwesenheit schließlich wirklich einmal unumgänglich notwendig ist.

Die Bedürfnisse der Familie ändern sich grundlegend vom Beginn der Krankheit bis lange nach dem Todesfall. Man sollte seine Kräfte schonen, damit man nicht im entscheidenden Augenblick zusammenbricht, und ein verständnisvoller Außenstehender kann viel dazu beitragen, das gesunde Gleichgewicht zwischen dem Dienst am Kranken und der Erfüllung eigener Bedürfnisse herzustellen.

Probleme der Kommunikation

Oft ist es der Ehepartner, dem der Ernst einer Diagnose anvertraut wird und dem es überlassen bleibt, ob und wie weitgehend er sein Wissen mit dem Patienten und den Angehörigen teilen will. Auch die schwierigste Aufgabe fällt ihm meistens zu: die Informierung der Kinder, die besonders bei sehr jungen Kindern Probleme stellt. In so entscheidenden Tagen hängt viel vom Zusammenhalt und der Struktur der Familie ab, von ihrer Fähigkeit zur Aussprache und der Verfügbarkeit verständiger Freunde. Ein neutraler Außenstehender, der emotional weniger beteiligt ist, kann von großer Hilfe sein, wenn er auf Sorgen, Wünsche und Bedürfnisse der Familienmitglieder eingeht. Er kann in rechtlichen Angelegenheiten beraten und vielleicht für die vorübergehende oder ständige Unterbringung von Kindern, denen der Vater oder die Mutter genommen wird, sorgen – doch ganz abgesehen von solchen praktischen Fragen brauchen die Angehörigen manchmal einen Vermittler ...

Die Probleme des Sterbenden gehen zu Ende, doch die der Familie entwickeln sich weiter. Manche könnten entschärft werden, wenn sie mit dem Schwerkranken besprochen würden. Aber im allgemeinen möchte man ja dem Kranken lieber die eigenen Gefühle verbergen und gibt sich möglichst unbefangen und heiter. Ein Ehemann sagte im Interview: »Ich weiß, dass ich nur noch kurze Zeit zu leben habe, aber teilen Sie es meiner Frau nicht mit, sie könnte es nicht ertragen.« Die zufällige Begegnung mit der Frau brachte zutage, dass sie genau informiert war, aber ihren Mann schonen wollte. Beide wussten Bescheid, aber keiner hatte den Mut, mit dem anderen zu reden – und das nach dreißigjähriger Ehe! Der junge Seelsorger ermutigte sie zu einer Aussprache, an der er auf Wunsch des Kranken teilnahm. Beide waren sehr erleichtert, dass sie endlich die Täuschung fallen lassen konnten, und regelten nun gemeinsam die Angelegenheiten, die einer allein nicht entscheiden konnte. Später waren sie imstande, über ihr »kindisches Spiel«, wie sie es nannten, zu lachen.

Ich meine, dass der Sterbende seinen Angehörigen entscheidend helfen kann, sich mit seinem Tod abzufinden: einmal natürlich dadurch, dass er seine Gedanken und Empfindungen ausspricht und seine Angehörigen dadurch ermuntert, es ebenfalls zu tun; dann aber auch, wenn er seinen eigenen Schmerz so weit überwindet, dass er seiner Familie das Beispiel gelassener Haltung vermittelt, an das sie sich erinnern und das ihr zu ähnlicher Würde verhelfen kann.

Schuldbewusstsein ist wohl der quälendste Begleiter des Todes. Wenn mit einem tödlichen Ausgang der Krankheit gerechnet werden muss, fragen sich die Angehörigen oft, ob sie schuld sind: »Hätte ich ihn nur früher zum Arzt geschickt, hätte ich nur früher die Veränderungen bemerkt und ihn veranlasst, etwas zu unternehmen«, sind häufige Äußerungen von Ehefrauen schwerkranker Männer. Natürlich können hier ein Freund der Familie, der Hausarzt, der Geistliche helfend eingreifen, wenn sie die unrealistischen Auffassungen ausräumen und der Frau klarmachen, dass sie vermutlich alles Notwendige getan habe. Mir scheint allerdings, dass man sich dabei nicht mit allgemeinen Redewendungen wie »fühlen Sie sich nicht schuldig, denn Sie haben keine Schuld daran«, begnügen sollte. Wer aufmerksam hinhört, wird meistens ein überzeugendes Motiv für das Schuldbewusstsein entdecken. Wie oft werden Angehörige gepeinigt, weil sie sich an Situationen erinnern, in denen sie dem Verstorbenen alles Böse an den Hals gewünscht haben!

Jeder von uns kennt solche Augenblicke ...

Sehr viele Witwen und Witwer kommen zum Arzt mit somatischen Symptomen, die aus dem Unvermögen stammen, mit Kummer und Schuldbewusstsein fertig zu werden. Hätte man ihnen vor dem Tode des Partners geholfen, die Kluft zwischen sich und dem Sterbenden zu überbrücken, wären viele Folgen zu vermeiden gewesen. Aber auch hier haben wir es wieder damit zu tun, dass ein Gespräch über Sterben und Tod umso zögernder aufgenommen wird, je näher diese uns selbst betreffen. Doch die wenigen Menschen, die in unmittelbarer Todesnähe gelebt haben, erklären, die Aussprache sei nur zu Anfang schwierig und werde immer einfacher, je mehr man sich darin übt.

Statt Entfremdung und Isolierung erleben die Eheleute durch die aufrichtige und wesentliche Aussprache eine Nähe und ein Verständnis, wie sie nur das Leiden entstehen lässt.

...

Anpassung der Familie an die Realität des Endstadiums

Ähnlich wie der Kranke selbst macht auch die Familie verschiedene Stadien der Anpassung durch. Zunächst können auch die Angehörigen oft nicht fassen, dass alles wahr ist, dass die Familie von einem solchen Leiden befallen werden kann. Sie suchen einen Arzt nach dem anderen auf und hoffen, dass sich die Diagnose als falsch herausstellt. Ähnliche Beruhigungen erwarten sie vielleicht von Wunderheilern und Wahrsagern. Sie unternehmen kostspielige Reisen zu berühmten Kliniken und Ärzten und erfassen dann doch nach und nach den Tatbestand, der ihr Dasein so drastisch verändert. In der Anpassung an solche Veränderungen hängt die Familie weitgehend von der Haltung, der Bewusstheit und Fähigkeit zur Kommunikation des Patienten selbst ab. Wenn alle zur Aussprache fähig sind, können wichtige Entscheidungen gemeinsam und in einem emotionell noch nicht so angespannten Stadium getroffen werden. Behält aber jeder Wissen und Gefühle für sich, dann erschwert eine künstliche Schranke dem Patienten und seinen Angehörigen, die Phase des vorbereitenden Schmerzes zu erreichen. Die letzte Wendung tritt dann viel dramatischer ein, als wenn sie imstande wären, miteinander zu reden und gelegentlich auch zu weinen.

Die Familie hat auch ihre Phase des Zorns zu bewältigen: Die Angehörigen grollen entweder dem Arzt, der die erste Untersuchung vornahm, aber die Diagnose nicht nannte, oder demjenigen, der sie mit der traurigen Wahrheit konfrontierte. Vielleicht projizieren sie den Zorn auch auf das Pflegepersonal, das sich angeblich nie genug um den Kranken kümmert – gleichgültig, wie tüchtig es wirklich ist. In dieser Reaktion liegt ein gut Teil Neid, weil es den Angehörigen nicht möglich oder nicht erlaubt ist, selbst für den geliebten Kranken zu sorgen. Schuldbewusstsein und der Wunsch, versäumte Fürsorge nachzuholen, sind ebenfalls beteiligt. Je besser wir imstande sind, den Angehörigen den Ausdruck solcher Emotionen vor dem Tod des Patienten zu ermöglichen, umso besser wird die Familie später damit fertig werden.

Wenn Zorn, Reue und Schuldgefühle bewältigt worden sind, gerät die Familie wie der Sterbende in die Phase des vorbereitenden Schmerzes. Je unverhüllter der Schmerz jetzt herrschen darf, um so leichter ist er nach dem Tode des Patienten zu ertragen. Oft erzählen Angehörige mit gewissem Stolz, dass sie sich immer um ein lächelndes Gesicht bemüht haben – bis sie eines Tages nicht mehr dazu imstande waren. Sie glauben einfach nicht, dass der Kranke die echten Emotionen seiner Angehörigen viel besser hinnehmen kann als eine täuschende Maske, die er ohnehin durchschaut und die ihm nur verbietet, seine eigene Trauer mit der Familie zu teilen.

Ist aber eine Familie zur Aussprache imstande, dann wird sie sich auch allmählich an die Realität der bevorstehenden Trennung gewöhnen und sie gemeinsam akzeptieren. Die wohl schmerzlichste Phase ist für sie das Endstadium der Krankheit, wenn sich der Patient langsam von allem löst, auch von der Bindung an seine Lieben, und in diesem Verlangen nach Loslösung verstanden werden muss. Wie könnte er jemals zum Sterben bereit sein, wenn er sich an die Bindungen klammert, die für jeden Menschen so wesentlich sind? Sobald der Kranke bittet, dass ihn nur noch einige Freunde, dann nur die Familie und schließlich allein der Ehepartner besuchen, sollte man das Verlangen nach allmählicher Loslösung akzeptieren und es nicht als Ablehnung missverstehen. Wir haben Ehepartner erlebt, die höchst dramatisch auf diesen ganz natürlichen und heilsamen Prozess reagierten. Wir erweisen ihnen einen großen Dienst, wenn wir ihnen den Vorgang erklären und begreiflich machen können. In dieser Zeit braucht der Patient den letzten, die Familie wohl den stärksten Beistand. Der Kranke soll nicht allein gelassen werden – wir müssen uns immer zur Verfügung halten –, doch in dieser Phase endgültiger Zustimmung und Ablösung ist er von zwischenmenschlichen Beziehungen kaum noch abhängig ...

Ein Aspekt, den man nicht übersehen sollte, ist die Art der Erkrankung: Mit Krebs verbinden sich ganz andere Vorstellungen als etwa mit einem Herzleiden. Beim Karzinom fürchtet man die schleichende, schmerzhafte Krankheit, während man beim Herzleiden mit einem raschen, unvermittelten und schmerzlosen Ende rechnet. Ich halte es für einen großen Unterschied, ob ein geliebter Mensch langsam stirbt, so dass für alle Beteiligten viel Zeit zur Vorbereitung auf den Tod bleibt, oder ob der gefürchtete Telefonanruf meldet: »Es ist geschehen, es ist alles vorbei.« Mit einem Krebskranken spricht man schon eher einmal über Tod und Sterben, während man sich scheut, einen Herzkranken damit zu erschrecken und vielleicht einen Herzanfall und damit sein Ende hervorzurufen. Ich denke an die Mutter eines jungen Mannes in Colorado, die ihrem Sohn absolut nicht erlauben wollte, irgendwelche Aufgaben zu machen, obwohl die Ärzte gerade dazu rieten. Sie sagte mehrmals: »Wenn er zuviel tut, fällt er mir tot um« – als rechnete sie mit einem feindseligen Akt des Sohnes gegen ihre Person. Sie war sich ihrer eigenen Abneigung keineswegs bewusst, auch nicht nach Gesprächen mit uns, in denen sie uns etwas von ihrer Enttäuschung über den »schwächlichen Sohn« erkennen ließ. In ihren Gedanken verband sich mit dem Sohn sofort das Bild ihres untüchtigen und erfolglosen Ehemannes. Wir mussten ihr monatelang geduldig und sehr aufmerksam zuhören, bis die Mutter imstande war, einige ihrer destruktiven Wünsche gegen das eigene Kind zu äußern. Sie begründete sie damit, dass er die Ursache ihrer eigenen sozialen und beruflichen Frustrierung sei. Seinetwegen sei sie so erfolglos wie ihr Ehemann. In solchen komplizierten Familiensituationen, bei solchen Konflikten der nächsten Angehörigen kann ein Kranker kaum Ruhe finden. Wenn wir lernen könnten, auf solche Familienmitglieder mit Verständnis und Mitgefühl einzugehen, statt sie zu verurteilen und zu kritisieren, würden wir zweifellos auch dem Patienten helfen, mit seinem Schicksal leichter fertig zu werden ...

Ich wiederhole hier meine Überzeugung, dass der Kranke ein Recht auf den Tod in Frieden und Würde hat. Wir dürfen ihn nicht zur Erfüllung unserer eigenen Bedürfnisse missbrauchen, wenn seine eigenen ihnen widersprechen. Ich beziehe mich hier auf Patienten mit körperlichem Leiden, die geistig gesund und imstande sind, über sich selbst zu entscheiden. Ihre Wünsche und Meinungen sollten gehört und respektiert werden, und wenn ihre Bedürfnisse im Gegensatz zu unseren eigenen stehen, muss der Konflikt offen ausgesprochen werden, damit der Patient selbst über die weitere Behandlung entscheiden kann ...

Die Familie nach dem Tod ihres Angehörigen

Wenn der Patient stirbt, halte ich es für grausam und unangemessen, von Gottes Liebe zu sprechen. Wir sind über den Verlust – vor allem, wenn wir uns nicht auf ihn vorbereiten konnten – empört, zornig, verzweifelt und sollten diese Gefühle auch ausdrücken dürfen. Oft überlässt man die Familie sich selbst, wenn sie die Genehmigung zur Autopsie gegeben hat. Bitter, grollend oder wie erstarrt wandern sie durch die Gänge der Klinik, kaum imstande, die brutale Wirklichkeit zu begreifen. Die ersten Tage sind dann von Geschäftigkeit aller Art angefüllt, so dass sich die Leere erst nach dem Begräbnis, nach dem Aufbruch der Trauergäste, wirklich zeigt.

Dann sind die Familienmitglieder dankbar, wenn sie sich aussprechen dürfen, besonders, wenn der Gesprächspartner den Verstorbenen gekannt hat und vielleicht Erinnerungen vorbringen kann oder ein paar gute Momente seiner letzten Lebenstage erlebt hat. Das hilft über den Schock und den ersten Schmerz hinweg und bereitet auf die allmähliche Hinnahme vor.

Viele Angehörige ergehen sich völlig in Erinnerungen und Phantasievorstellungen und sprechen mit dem Verstorbenen, als sei er noch um sie. Sie isolieren sich nicht nur von den Lebenden, sondern erschweren es sich selbst, die Wirklichkeit des Todes zu begreifen. Allerdings ist es für manchen der einzige Weg, sich mit dem Verlust abzufinden, und es wäre grausam, ihn lächerlich zu machen oder täglich wieder auf die unakzeptable Realität hinzuweisen. Man muss den Hintergrund verstehen und den Trauernden allmählich aus der Isolierung herauslösen. Ich habe solche Reaktionen vor allem bei jungen Witwen erlebt, die in keiner Weise auf den frühen Tod ihres Mannes vorbereitet waren. Vielleicht hat es das im Kriege noch häufiger gegeben, aber andererseits ist das allgemeine Bewusstsein in Kriegszeiten so auf den Tod eingestellt, dass er weniger unerwartet kommt, als wenn ein junger Mann von einer Krankheit sehr rasch dahingerafft wird.

Ein letztes Wort über die Kinder, an die man oft nicht genügend denkt. Gewiss, man kümmert sich um sie, doch nur wenige Leute verstehen es, mit ihnen über den

Tod zu sprechen. Kleine Kinder haben ganz eigene Vorstellungen vom Tod, die man kennen muss, wenn man mit ihnen sprechen und ihre Reaktionen verstehen will. Bis zu drei Jahren ist ein Kind nur von der Trennung betroffen, später folgt die Angst vor Verstümmelung. In diesem Alter wird das Kind beweglich, macht seine ersten Ausflüge »in die Welt« und erlebt vielleicht, wie ein Hund überfahren, ein hübscher Vogel von der Katze zerrissen wird. In solchen Vorgängen erkennt das Kind eine Verstümmelung, denn in diesem Alter sorgt es sich um die Unverletzlichkeit des eigenen Körpers und fühlt sich von allem bedroht, das ihn zerstören kann ...

Der Tod [ist] für den Drei- bis Fünfjährigen auch kein permanenter Zustand, sondern vorübergehend wie der einer Blumenknolle, die im Herbst in die Erde gelegt wird, damit sie im folgenden Frühling Blüten treibt.

Ein Kind, das über fünf Jahre alt ist, sieht den Tod oft als Menschen an, als den Schwarzen Mann, der die Leute fortholt: Tod ist immer noch ein Eingriff von außen.

Erst das neun- bis zehnjährige Kind entwickelt eine realistische Vorstellung des Todes und begreift ihn allmählich als unveränderliches biologisches Geschehen.

Auf den Tod von Vater oder Mutter reagieren Kinder sehr unterschiedlich. Ihr Verhalten reicht von stummer Isolierung bis zu wildem, lautem Jammer, der Aufmerksamkeit wecken und Ersatz für das geliebte und notwendige Objekt beschaffen soll. Da Kinder ... zwischen Tat und Wunsch nicht unterscheiden können, werden sie vielleicht von Gewissensbissen gequält und fürchten, für ihre Schuld am Tod der Eltern später grausam bestraft zu werden. Andere Kinder nehmen die Trennung verhältnismäßig gelassen hin und machen Bemerkungen wie: »In den Frühjahrsferien kommt sie bestimmt zurück«, oder legen auch wohl einen Apfel hin, damit die verstorbene Mutter auf ihrer Reise zu essen hat. Wenn Bänder dann von den begreiflicherweise nervösen Erwachsenen missverstanden, ermahnt oder korrigiert werden, tragen sie künftig ihre Trauer stumm und allein, worin oft die Wurzel späterer emotionaler Störungen liegt. Der Heranwachsende reagiert wesentlich wie der Erwachsene, doch der Verlust des Vaters oder der Mutter in der ohnehin schwierigen Reifezeit ist für den jungen Menschen oft kaum zu ertragen. Man sollte ihm zuhören und gestatten, dass er seine wahren Gefühle ausspricht, mögen nun Schuldbewusstsein, Zorn oder schlichte Trauer zum Vorschein kommen.

Entlastung von Zorn und Trauer

Ich wiederhole hier noch einmal, dass die Hinterbliebenen reden, weinen oder sogar schreien dürfen, wenn es notwendig ist. In jedem Fall müssen sie auf unseren Beistand rechnen können. Von dem Augenblick an, in dem die verhängnisvolle Diagnose der Krankheit bekannt wurde, bis lange Monate nach dem Tode ihres Kranken braucht die Familie Hilfe.

Ich denke dabei nicht an das Eingreifen eines Fachpsychiaters, das in den meisten Fällen weder notwendig noch erschwinglich ist, sondern an die Anwesenheit eines mitfühlenden Menschen, sei er Freund, Arzt, Geistlicher oder Krankenschwester. Zuweilen kann auch die Fürsorgerin sehr viel helfen. Hat sie zum Beispiel dazu beigetragen, dass der Verstorbene in ein Pflegeheim gebracht wurde, wird die Familie gern mit ihr über die letzte Lebenszeit im Pflegeheim sprechen, um sich damit ein wenig von Schuldgefühlen zu entlasten, die manche Hinterbliebenen nach der Einweisung in ein solches Heim quälen. Wir kennen Fälle, in denen die Trauernden nach dem Tode ihres Verwandten weiterhin Besuche im Pflegeheim gemacht und sich um andere alte Leute gekümmert haben. Dahinter stand sicher das Bedürfnis, den Tod des Angehörigen zu leugnen, aber auch das Verlangen, an anderen gutzumachen, was vielleicht bei der Großmutter versäumt wurde. Wir haben uns um Verständnis für solche Verhaltensweisen zu bemühen und müssen den Hinterbliebenen helfen, ihre Bedürfnisse konstruktiv einzusetzen, um mit den Gefühlen von Schuld, Scham oder Angst vor Vergeltung fertig zu werden. Die beste Hilfe, die wir Erwachsenen oder Heranwachsenden bieten können, liegt aber immer noch darin, sie vor dem Tod des Angehörigen zu veranlassen, ihre Emotionen auszusprechen.

Wenn wir später ihren Zorn geduldig hinnehmen – ob er sich gegen uns, gegen den Toten oder Gott richtet –, helfen wir den Hinterbliebenen, sich allmählich ohne Schuldgefühle mit dem Verlust abzufinden. Wenn wir ihnen aber vorwerfen, dass sie solche nach allgemeinem Urteil unangebrachten Empfindungen zu äußern wagen, dann sind wir es, die Vorwürfe verdienen, weil wir ihren Kummer, ihre Scham und ihr Schuldbewusstsein verlängern und in vielen Fällen mittelbar zu physischen oder geistigen Störungen beitragen.

Aus: *Interviews mit Sterbenden*, S. 135–139, 144 f., 147 f., 150–154.

Was können wir noch tun?

Vom Verstehen der »geheimen« Sprache

Es ist dringend erforderlich, dass jeder, der Sterbende und ihre Familien betreut, jederzeit seine eigenen Sorgen und Ängste begreift, um die Projektion seiner eigenen Ängste zu vermeiden. Es ist ebenso wichtig, dass wir die symbolische Sprache, die viele unserer Patienten verwenden, wenn sie mit ihren Nöten nicht fertig werden und noch nicht bereit sind, offen über Tod und Sterben zu sprechen, erlernen und anderen vermitteln können. Sie bedienen sich derselben »geheimen« Sprache, wenn sie der Reaktion ihrer Umgebung nicht sicher sind oder wenn sie beim Betreuungspersonal oder ihren Familienmitgliedern mehr Angst hervorrufen, als sie selbst empfinden.

Sie bedürfen der Aussprache, sind sich jedoch ihrer tiefen Angst vor der Wahrheit vielleicht nicht einmal bewusst. In solchen Augenblicken kann ein erfahrener Lehrer, ein Geistlicher oder ein Psychologe auf die Zeichnungen zurückgreifen, die ein Ausdruck der nichtverbalen Symbolsprache sind.

Spontane Zeichnungen enthüllen ebensoviel wie ein Traum. Sie können innerhalb von wenigen Augenblicken und beinahe in jeder Umgebung angefertigt werden – im Krankenhaus, in der Schule oder zu Hause. Sie kosten lediglich ein Blatt Papier und Buntstifte. Innerhalb von Minuten kann man ihnen entnehmen, welches vorbewusste Wissen die Kinder oder Erwachsenen besitzen. Dies macht sie zu einem einfachen, billigen und leicht verfügbaren therapeutischen Mittel, solange es genügend verantwortungsbewusste Therapeuten gibt, die in der Interpretation dieses Materials geschult sind.

Ein besonderes Kapitel über die Herkunft dieser Technik und ihre mögliche Anwendung für Sterbende und Lebende folgt später in diesem Buch. Es wurde von einem meiner Studenten zusammengestellt, den wir nach England schickten, um die Methode bei Susan Bach zu studieren, einer bemerkenswerten Jungianischen Analytikerin, die sich auf das Studium spontaner Zeichnungen von sterbenskranken Kindern spezialisiert hat. Sie hat einen größeren Beitrag zum Verständnis dieser Kinder geleistet als viele Thanatologen, die Schlagzeilen machen in einer Zeit, in der die Forschung auf diesem Gebiet beinahe Mode geworden ist. Sie hat jahrzehntelang in aller Stille gearbeitet und hat sich der Ausbildung meines Studenten großzügig angenommen, damit er in den Vereinigten Staaten die Kunst und Wissenschaft der Interpretation der Zeichnungen, Figuren und Farben, die diese jungen Patienten verwenden, an andere weitergeben konnte.

Ich meine, der wichtigste Beitrag dieser Patienten besteht darin, dass sie uns beigebracht haben, dass die Kranken über ihren Zustand reden wollen, dass sie dazu in der Lage sind und um ihr Sterben wissen – und dies gilt auch für Hunderte von Patienten, denen die Ernsthaftigkeit ihrer Krankheit nie mitgeteilt wurde. Die Patienten wissen nicht nur, dass sie sterben, sondern sie können uns auch mitteilen, *wann* der Tod eintritt, wenn wir ihnen zuhören und die Sprache von Sterbenden verstehen können. Nur wenige Kranke sind in der Lage, in einfachen Worten über ihren bevorstehenden Tod zu sprechen. Patienten, die sagen können: »Meine Zeit rückt näher, und es ist mir recht«, oder die zu Gott beten, sie »bald zu sich zu nehmen« – diese Patienten vermitteln uns, dass sie mit ihrer Todesangst wenigstens zum Teil fertig geworden sind. Das sind die Patienten, die wir alle verstehen und die unsere Hilfe am wenigsten brauchen. Patienten, die »zu jung zum Sterben« sind, werden sich einer Symbolsprache bedienen, wie wir es nennen. Um die Sprache der Sterbenden zu verstehen, sollte man sich bewusst machen, worin die Angst vor dem Tod besteht. Wenn ich meine Zuhörer frage, wovor sie Angst haben, wenn sie an ihren Tod denken, sagen die meisten, dass sie vor dem Unbekannten, vor der Trennung, vor Schmerzen, vor dem Leiden, vor unerledigten Dingen und vor dem Verlassenmüssen ihrer Nächsten Angst haben. Dies ist aber nur ein kleiner Teil der Angst vor dem Tod und nicht einmal der bedeutendste. Dr. George Wahl vergleicht die Angst vor dem

Tod mit einem Eisberg. Ein kleiner Teil ragt über die Wasseroberfläche hinaus, der wichtigste Teil ist verborgen, unsichtbar unter dem Wasser. Es gibt vieles, was wir mit Todesangst assoziieren, aber es ist verdrängt und unbewusst, und diesen Teil müssen wir verstehen lernen. Meinem Unbewussten fällt es sehr schwer, sich meinen Tod vorzustellen. Ich glaube, dass er diesen oder jenen Menschen ereilt, aber nicht mich, wie in dem Psalm, wo es heißt, dass tausend zu deiner Linken und zehntausend zu deiner Rechten sterben werden, aber dir wird nichts geschehen. Wenn ich mir meinen eigenen Tod vorstellen soll, kann ich nur an ein plötzliches Ende denken. Ich kann mir meinen eigenen Tod nur so vorstellen, dass irgendjemand oder irgendetwas kommt und mich umbringt. Das muss man wissen, wenn man mit Krebspatienten spricht. Auch wenn der Krebs frühzeitig diagnostiziert wird, auch wenn eine Chance der Heilung besteht, werden die Kranken ihre bösartige Krankheit immer mit einer katastrophalen, destruktiven Macht in Verbindung bringen, die auf sie losgelassen wird. Damit geht ein Gefühl der Ohnmacht und Hilflosigkeit Hand in Hand.

Wer das begreift, wird auch die Sprache verstehen, die vor allem Blinder verwenden, wenn sie ihr Wissen um ihren bevorstehenden Tod mitteilen wollen. Die Symbolsprache besteht aus zwei verschiedenen Sprachen. Kleine Kinder im Alter von vier bis zehn oder zwölf Jahren werden eine nonverbale Symbolsprache verwenden.

Sie verwenden Zeichnungen, Bilder, Teddybären, Puppen oder Puppenhäuser, durch die sie in symbolischen Gesten über ihr Sterben sprechen. Ältere Kinder, Jugendliche und Erwachsene gebrauchen häufiger eine verbale Symbolsprache.

Ein Beispiel der *nichtverbalen Symbolsprache* lieferte ein dreizehnjähriger Junge, der ein Jahr lang in der Kinderklinik auf eine Nierentransplantation wartete. Er war ein böser, verstockter, deprimierter Junge, der immer so tat, als wollte er kleine Mädchen auf der Krankenstation erschießen, und damit seine Pflegerinnen in Aufregung versetzte. Eines Tages wurde ich gebeten, einzuschreiten, weil Bobbys Verhalten untragbar geworden war und er die anderen kranken Kinder mit seinem symbolischen Erschießen bedrohte. Ich beobachtete ihn eine Zeitlang, ohne dass er mich sah, und bemerkte, dass er nur kleine Mädchen erschoss. Ich ging darauf in sein Zimmer und fragte ihn: »Bobby, kannst du dir nicht manchmal einen Jungen aussuchen?« Ich wollte ihm zu verstehen geben, dass ich ihn nicht dafür verurteilte, dass er andere Kinder »erschoss und tötete«, sondern dass ich herausbringen wollte, warum er bestimmte »Opfer« wählte. Er drehte sich um und sagte: »Haben Sie auch bemerkt, dass ich nur kleine Mädchen nehme, die alle gesunde Nieren haben?« Ich verneinte in diesem Augenblick, weil ich nicht glauben konnte, dass dieser kleine Junge mehr über den Gesundheitszustand dieser kranken Kinder wusste als ich. Ich wusste nicht einmal, bei welchen Kindern die

Niere angegriffen war und bei welchen nicht. Durch sein symbolisches Erschießen von kleinen Mädchen wollte er andeuten, dass er ungeduldig war und dass sie schnell sterben sollten, damit er eine Lebenschance hätte. Ich hoffe, man erkennt, wie wichtig es ist, solche Patienten nicht zu verurteilen! Man darf ihnen auf keinen Fall sagen, dass sie schlimm sind und sich besser benehmen sollen. Es ist wichtig, dass wir die nichtverbalen Kommunikationen dieser verzweifelten Kinder verstehen und sie für sie übersetzen, um ihnen zu helfen, sie verbal auszudrücken, damit wir ihre Ungeduld und ihren Zorn mittragen können – in Bobbys Fall sein langes Warten im Krankenhaus mit so wenig Hoffnung auf das rechtzeitige Eintreffen einer Niere.

Die verbale Symbolsprache wird von älteren Kindern, Jugendlichen und Erwachsenen verschiedenen Alters verwendet, die einfach Angst haben zu sterben. Dies sind jedoch auch die Patienten, die am wenigsten verstanden werden, weil in unseren Schwesternschulen, medizinischen Fakultäten, Seminaren und Ausbildungsstätten für Sozialarbeiter die Symbolsprache nicht ausreichend gelehrt wird. Ein Beispiel einer verbalen Symbolsprache gab die kleine Susan, die mit acht Jahren im Krankenhaus starb. Sie lag in einem Sauerstoffzelt allein in einem Zimmer, ein stilles, braves Mädchen, das anderen Menschen nie ihr Wissen um ihren bevorstehenden Tod anvertraute. Jeder mochte sie gern, weil sie den Erwachsenen nicht lästig war, aber sie wusste, dass sie im Sterben lag. Erinnern wir uns an die Definition von Todesangst, nämlich als eine Angst vor einer katastrophalen, destruktiven Macht, die einen überfällt und der man ohnmächtig gegenübersteht. Einmal rief Susan mitten in der Nacht ihre Lieblingsschwester und fragte nur: »Was geschieht, wenn ich im Sauerstoffzelt bin und Feuer ausbricht?« Die Schwester sah sie erstaunt an und sagte: »Hab keine Angst, hier raucht niemand.« Dann verließ sie das Zimmer, aber dann hörte sie einen Augenblick auf ihre instinktive Reaktion »aus dem Bauch«, wie wir sagen. Ihr wurde bewusst, dass sie etwas sehr Wichtiges überhört hatte, aber sie wusste nicht, was es war.

Diese junge Krankenschwester hatte den Mut, ihrer Intuition nachzugeben, und rief mitten in der Nacht die Oberschwester an. Dazu war Mut nötig, denn die meisten von uns würden sich darüber hinweggesetzt und sich gesagt haben: »Ach, es ist nicht so wichtig«, weil wir nicht gerne andere Leute mitten in der Nacht behelligen. Sie hatte glücklicherweise eine verständnisvolle Oberschwester, die sie für ihre Reaktion nicht verurteilte und die sich außerdem sehr gut auf die Sprache sterbender Kinder verstand. Die ältere Schwester sagte der jüngeren, dass dieses kleine Mädchen mit ihr über das Sterben reden wollte. Sie riet ihr, in das Zimmer des Mädchens zurückzugehen, sich einfach hinzusetzen und zuzuhören. Die junge Krankenschwester hatte Hemmungen, das zu tun, und brachte wiederum den Mut auf, das einzugestehen.

Die ältere Schwester kam nun ins Krankenhaus, besuchte das Mädchen und fragte einfach: »Was hast du über das Sauerstoffzelt und das Feuer gesagt?« Die Kleine wiederholte ihre Frage, und die Schwester tat etwas sehr Schönes: Sie öffnete das Sauerstoffzelt und legte sich mit ihrem Oberkörper auf das Kissen des Mädchens, ganz dicht bei ihr, und fragte: »Ist das so besser?« Susan begann zu weinen. Sie dachte eine Weile nach und sagte dann schlicht: »Ich weiß, dass ich sehr bald sterben werde, und muss mit irgend jemandem darüber reden.« Sie redeten ungefähr fünfundvierzig Minuten miteinander und teilten sich alles mit, was gesagt werden musste, und die Schwester fragte sie, wie wir es bei allen unseren neuen Patienten tun: »Kann ich noch irgend etwas für dich tun?« Das Kind seufzte tief und sagte: »Ja, wenn ich nur mit meiner Mutter so reden könnte.«

Die Schwester nahm diesen Wunsch zur Kenntnis und sagte dem Mädchen gute Nacht. Am nächsten Morgen bat sie die Mutter in ihr Sprechzimmer und erzählte ihr von dem Gespräch in der Nacht vorher. Alles ging gut bis zum letzten Augenblick, als die Schwester der Mutter mitteilte: »Ganz zum Schluss sagte Ihre Tochter, wenn sie doch nur einmal mit Ihnen so sprechen könnte.« Die Mutter stand abrupt auf, schob die Schwester fort und lief aus dem Sprechzimmer und rief: »Nein, nein, nein, ich kann nicht, ich kann nicht!« Diese Mutter besuchte ihr Kind nie wieder allein. Das Kind starb, ohne mit seiner Mutter allein gesprochen zu haben. Die Mutter kam zu allen Besuchsstunden, aber von diesem Tag an nahm sie immer drei oder vier andere Kinder von der Station mit und verschanzte sich hinter ihnen, damit ihre Tochter es nicht wagen würde, über ihr Sterben zu sprechen. Das war unser Fehler, aber ich möchte nicht nur von unseren Erfolgen, sondern auch von unseren Fehlern erzählen, weil ich meine, dass wir mehr aus unseren Fehlern als aus unseren Erfolgen lernen können. Bei dieser Patientin bestand das Problem darin, dass wir nur auf das Bedürfnis des Kindes achteten. Es ist sehr wichtig, dass wir das Abwehrverhalten anderer Menschen respektieren. Wir müssen auch auf ihre Bedürfnisse hören und dürfen nicht unsere eigenen Bedürfnisse auf sie übertragen.

In diesem Fall achteten wir genau auf die Bedürfnisse des kleinen Mädchens, aber in unserem ehrgeizigen Bemühen, dieser kleinen Patientin zu helfen, missachteten wir die Bedürfnisse der Mutter. Wenn wir dem Kind wirklich aufmerksam zugehört hätten, hätten wir gewusst, dass die Mutter für eine solche Aussprache noch nicht bereit war. Das wusste sogar Susan. Sie wusste, dass ihr Tod nahe bevorstand und dass sie wahrscheinlich sterben würde, ehe die Mutter bereit war, sich damit auseinanderzusetzen. Als sie spürte, dass sie nicht mehr viel Zeit hatte, suchte sie in der jungen Krankenschwester eine Ersatzmutter. Wenn wir dies erfasst hätten, hätten wir die Mutter trotzdem aufgefordert, sich einen Teil des Gesprächs berichten zu lassen, hätten sie jedoch gebeten, uns zu sagen, wann wir aufhören sollen, damit wir nicht zu schnell vorgehen für jemanden, der noch nicht bereit ist, den Dingen ins Auge zu sehen. Wir haben nicht immer Erfolg, aber es ist wichtig, dass wir zu dieser Patientin aufrichtig waren und ihr sagten, dass wir gerne mit ihrer Mutter sprechen wollten, doch das Gefühl hätten, dass die Mutter noch nicht soweit war. Dann wurden wir die Ersatzmütter, so dass Susan mit einer Krankenschwester über die Dinge reden konnte, die sie lieber mit ihrer Mutter besprochen hätte, falls diese rechtzeitig die nötige Hilfe bekommen hätte, mit dem Tod ihrer kleinen Tochter fertig zu werden.

Bisher habe ich über die Mitteilungen der Patienten gesprochen und über ihr Bedürfnis, über ihren bevorstehenden Tod zu reden. Ich möchte jetzt etwas darüber sagen, wie Patienten sich ausdrücken, wenn sie nicht die Tatsache, *dass* sie im Sterben liegen, mitteilen wollen, sondern *wann* sie sterben werden. Manchmal mache ich im Krankenhaus die Runde und gebe den Patienten nach europäischer Sitte die Hand. Eine Sterbende hält meine Hand auf eine andere Art, und ich sehe sie an und frage sie: »Ist es das letzte Mal?« Die Patientin nickt. Darauf verabschiede ich mich von ihr, und am nächsten Morgen ist das Bett leer. In dieser nichtverbalen Art teilen Kranke uns manchmal mit, dass ihr Tod nahe ist. Ein anderes Beispiel ist ein alter Mann, der bei uns im Haus wohnte. Die Ärzte gaben ihm zwei Monate, aber er lebte noch zweieinhalb Jahre. In unseren Augen ist es ein Unfug, den Patienten zu sagen, dass sie noch eine bestimmte Anzahl von Monaten zu leben haben, weil diese Information so gut wie nie stimmt. Als dieser Mann seinem Ende nahe war, besuchte ich ihn eines Morgens mit einer Tasse Kaffee und einem Stück Kuchen. Er blickte unvermittelt auf und sagte: »Ich möchte dir ein Geschenk machen.« »Ein Geschenk?«, erwiderte ich. Das sah ihm nicht ähnlich. Er sagte: »Ja, ich möchte dir meinen Stock schenken.« Es lag mir auf der Zunge, zu sagen: »Aber du brauchst doch deinen Stock.« Dieser Stock war sein einzig wichtiger Besitz auf Erden; ohne ihn konnte er nicht einmal auf die Toilette gehen. Doch dann hörte ich auf meine Reaktion »aus dem Bauch« und sagte nichts. Ich nahm seinen Stock an und ging damit aus dem Zimmer. Als ich zurückkam, um die Kaffeetasse zu holen, war er gestorben.

Mit diesem Beispiel möchte ich etwas Wichtiges mitteilen, nämlich dass die Kranken nicht nur von der Tatsache ihres bevorstehenden Todes sprechen, sondern auch von seinem Zeitpunkt. Ärzte, Schwestern und Pfleger können ihn von ihren Patienten erfahren; aber dies ist fast unmöglich, wenn es sich um ein Mitglied der eigenen Familie handelt. Wäre dieser Mann nach zweieinhalb Jahren Zusammenleben nicht zu einem Familienmitglied geworden, hätte ich ihn verstanden. Wenn er ein Patient von mir gewesen wäre und gesagt hätte: »Ich möchte Ihnen meinen Stock schenken«, hätte ich verstanden, was er damit sagen wollte. Dann hätte ich mich zu ihm setzen und ihn fragen können: »Du brauchst deinen Stock nicht mehr, gelt?«, und er hätte verneint, und dann hätten wir darüber sprechen können. Da er aber ein Mitglied meiner Familie war, überhörte ich seine Botschaft, und sie wurde mir erst bewusst, als er schon tot war. Ich betone dies, damit sich keiner grämt, der von diesen Fällen aus meinem Patientenkreis liest und an Mitglieder seiner eigenen Familie denkt, die im Sterben lagen und ihm vielleicht Dinge mitteilen wollten, die er nicht verstehen konnte.

Aus: *Verstehen was Sterbende sagen wollen*, S. 27–35.

Besondere Formen der Kommunikation

Es ist verhältnismäßig einfach, sich um Patienten zu kümmern, die ihre Bedürfnisse, Wünsche und Gefühle mit Worten aussprechen können. Doch wir haben es mit einer wachsenden Zahl von an Beatmungsgeräte angeschlossenen Patienten zu tun, die nicht sprechen können. Da auch die Zahl der Alten immer mehr steigt, müssen wir mit viel mehr Kranken rechnen, die einen Schlaganfall zwar überleben, aber keine Zeile mehr schreiben und ihre Wünsche nicht mit Worten ausdrücken können. Solche Kranken brauchen unsere besondere Aufmerksamkeit. Wir dürfen nicht vergessen, dass sie oft imstande sind, zu hören oder eine Berührung wahrzunehmen, dass sie uns auch Hinweise oder Signale geben können, die wir empfangen und verstehen müssen, wenn wir eine sinnvolle und nicht nur mechanische Beziehung zu ihnen pflegen wollen.

Der Kranke kann uns seine Bedürfnisse auf viele Weisen zu verstehen geben. Sehr junge Patienten »sprechen« in einer *nicht-verbalen Symbolsprache* durch ihre Zeichnungen oder im Spiel. Wenn ein kleiner Kranker seine schwerkranken Zimmergenossen mit einer imaginären Pistole erschießt – während er verzweifelt darauf wartet, dass ihm die Niere eines Toten eingepflanzt werden kann –, drückt er damit vielleicht sein Verlangen aus, dass sich die Zimmergenossen mit dem Sterben beeilen, damit er eine Niere von ihnen erhält. Die Gruppe, die unsere Hilfe besonders nötig braucht – meistens größere Kinder, Heranwachsende, aber auch Erwachsene, die sich vor dem Sterben fürchten –, benutzt eine *verbale Symbolsprache*. Wenn ein Kind, allein im Zimmer und unter einem Sauerstoffzelt, die Pflegerin fragt: »Was geschieht, wenn ich hier unter dem Sauerstoffzelt liege und ein Feuer bricht aus?«, dann drückt es damit seine Hilflosigkeit und seine Angst vor dem Tode aus. Es ist unbedingt notwendig, das Krankenhauspersonal in dieser Art der Kommunikation auszubilden.

Das bewusste oder unbewusste Wahrnehmen der Vorgänge im eigenen Körper ist für den Patienten sehr wichtig. Ein Beispiel: Ein Mann, der anschließend bei der Operation an seinem Hirntumor starb, deutete beim

Rorschach-Test die Formen wiederholt als schwelende, glühende Kohle und als Schnee; es war seine Symbolsprache.

Ich halte es für wichtig, dass wir die symbolische Sprache unserer schwer- oder todkranken oder behinderten Patienten kennen lernen, weil sie viel darüber aussagt, welche Vorstellung der Kranke mit dem Tod verbindet und was er von den Vorgängen in seinem Körper wahrnimmt. Das beste Beispiel bieten uns vielleicht die Zeichnungen von Kindern, die sie anfertigen, noch bevor sich Metastasen entwickeln; und wir müssen lernen, solche Zeichnungen zu lesen und zu interpretieren, um die Kommunikation mit ihnen aufrechterhalten zu können.

Wie behandeln Sie den Patienten, der dem Tode nahe ist, aber wegen eines Schlaganfalls nicht sprechen kann?

Ich versuche, trotzdem zu ihm zu sprechen und ihm Symbole oder Signale für »ja« und »nein« zu vermitteln. Wenn er schreiben kann, lasse ich ihn seine Antworten aufschreiben. Viele Leute lernen es, mit einem Bleistift im Mund zu schreiben oder ein »sprechendes Buch« – eine Langspielplatte oder ein Tonband – zu »lesen«, wenn sie sich nicht mehr mit Worten äußern können. Alle diese Hilfsmittel sind bereits bei Kranken angewandt worden, die sich nicht mehr mit Worten ausdrücken konnten.

Wie stark ist die psychologische Wirkung der nicht-verbalen Symbolsprache auf den sterbenden Patienten? Wann wissen Sie, wie weit Sie die Angehörigen in die nicht-verbale Symbolsprache des Kranken einweihen sollen?

Wenn eine Familie bereit ist, die Mitteilungen des sterbenden Kranken zu verstehen, vor allem die symbolisch und wortlos geäußerten, widme ich den Angehörigen meine ganze Kraft und Zeit, um sie zu lehren, die Äußerungen des Parienten zu »lesen« und die Kommunikation mit ihm beizubehalten.

Wie können Sie einem sprechunfähigen, sterbenden Patienten helfen? Wie wollen Sie wissen, was erfragt?

Wenn er schreiben kann, versuchen Sie, zu ihm zu sprechen, und geben Sie ihm Papier und Bleistift. Kann er nicht mehr schreiben, zeigen Sie ihm Symbole für »ja« und »nein«. Versuchen Sie das durchzuführen, was wir als »monologen Dialog« bezeichnen. Sie werden erstaunt feststellen, wie ausführlich Sie sich mit diesem Patienten unterhalten können, wenn Sie sich die Zeit dazu nehmen, geduldig bleiben und nicht zu früh aufgeben. »Monologer Dialog« bedeutet, dass Sie die Fragen des Kranken vorwegnehmen und ihn bitten, mit Ja oder Nein zu antworten. Wenn er ein Zeichen gibt, dass er die von Ihnen für ihn formulierte Frage stellen möchte, beantworten Sie sie und gehen zur nächsten über, bis er Ihnen das Signal gibt, dass Sie nun alles beantwortet haben, was er wissen wollte.

Wenn man die Arten von Kommunikation, die Sie hier geschildert haben, nicht anwenden kann, was bleibt dann noch, um jemanden zum Sprechen zu veranlassen?

Manchmal ist eine verbale Sprache gar nicht nötig, manchmal genügen Anwesenheit und Mitgefühl. Man darf Menschen, die nicht zum Sprechen bereit sind, nicht im Such lassen. Wenn Sie sich ruhig zu ihnen setzen und ihnen unverändert Ihre Fürsorge zuteil werden lassen, werden sie sich gelegentlich äußern, ohne dass Sie selbst ein Wort gesprochen haben, und werden Ihnen ihren inneren Aufruhr mitteilen.

Wie kann man die Symbolsprache eines Patienten und/oder seiner Familie rasch genug übersetzen, um entsprechend darauf zu reagieren?

Man übersetzt sie nicht immer rasch genug, doch wenn draußen vor dem Zimmer des Kranken, der im Sterben liegt, die Familie wartet, muss man zuweilen sehr rasch übersetzen, weil es eben kein Morgen mehr gibt. Das gilt auch für die Kranken, deren Angehörige nicht anwesend sind. In solchen Fällen versuche ich, rasch zu übersetzen, wobei ich sehr oft meiner Sache nicht sicher bin und mich sehr oft irre. Doch die Angehörigen und der Kranke wissen, dass ich es versucht habe, und werden versuchen, ihre Mitteilung anders zu formulieren.

Wie kann man für einen Kranken sorgen, der in der Intensivstation oder Kreislaufstation liegt und dessen Erkrankung ganz plötzlich und sehr heftig aufgetreten ist?

Dieser Patient ist vielleicht so schwer krank, dass er seiner Umgebung nicht viel mitzuteilen vermag. Vielleicht hat man auch einen Luftröhrenschnitt gemacht, oder er ist an Instrumente aller Art angeschlossen, die zwar sein Leben retten, ihn aber sehr behindern. Es ist sehr wichtig, dass wir die Bedürfnisse dieser Patienten erkennen, die sie vielleicht nur mit Blicken mitteilen können, dass wir etwas mehr Zeit für sie haben, an ihrem Bett sitzen und versuchen, ihre Hinweise zu verstehen und zu beantworten.

Was tun Sie mit einem Patienten, der so viel Beruhigungsmittel erhalten hat, dass er nur halb bei Bewusstsein ist?

Ich versuche, die Dosis der Beruhigungsmittel herabzusetzen, damit er klare Augenblicke hat, in denen er mir seine Bedürfnisse mitteilen kann. Wenn man keinen Einfluss auf die Dosierung hat, dann sollte man den Patienten aufsuchen, kurz bevor er die nächste Dosis erhält, also zu einer Zeit, in der er ein wenig munterer ist.

Gibt es auch Patienten ohne jede Sprache? Einfach Opfer unserer Gesellschaft?

Ich glaube, es gibt viele stumme Patienten, die einfach auf das Sprechen verzichten, weil sie sich ganz in sich selbst zurückgezogen haben und so einsam und elend sind, dass sie es aufgegeben haben, nach Hilfe zu rufen. Bei uns lag eine Kranke wochenlang, offenbar nur halb bei Bewusstsein, allein in ihrem Zimmer. Jeder rechnete mit ihrem Tod. Niemand besuchte sie. Doch eines Tages ging einer unserer Musiktherapeuten einfach in ihr Zimmer, sang und begleitete sich dabei auf der Gitarre. Zu aller Verwunderung öffnete die Kranke plötzlich die Augen und begann zu singen. Als das Lied beendet war, fragte sie mit Tränen in den Augen: »Woher in aller Welt konnten Sie wissen, dass es mein Lieblingschoral ist?« Musik als eine Form der Sprache wird zu wenig beachtet, kann aber bei solchen Kranken oft sehr wirksam eingesetzt werden.

Wie verhalten Sie sich zu Patienten, die körperlich nicht mehr in der Lage sind zu sprechen? Können nicht-verbale Kommunikationen – wenn man einfach ihre Hand hält – genügen? Ich weiß, die Schwestern sind in Ordnung. Aber wie geht man mit ängstlichen Besuchern, Angehörigen und den Schwestern um, die sich strikt an die »Alle-zwei-Stunden«-Routine halten? Der bewusstlose Patient ist doch ein Mensch mit allen seinen Rechten. Wie stellen Sie eine Verbindung zu ihm her?

Ich glaube, wenn Sie einen Kranken haben, der körperlich nicht mehr zum Sprechen imstande ist, braucht er beides, nicht-verbale und verbale Kommunikation. Wenn er noch hören kann, sollten Sie zu ihm sprechen und sich ihm mit Worten verständlich machen, sie sollten ihn nicht behandeln, als hatte er auch die Fähigkeit des Hörens verloren. Wenn Besucher und Angehörige nervös und ängstlich sind, können Sie ihnen vielleicht durch Ihr eigenes Tun und Ihr Beispiel zeigen, wie einfach und lohnend Kommunikation solcher Art sein kann.

Wie teilt ein Patient mit einem Tubus in der Luftröhre, der also nicht sprechen kann, der Umgebung seine Angst vor dem Sterben mit, und wie kann man ihm helfen? Worauf sollten wir achten?

Ich rate, seine Augen zu beobachten. Wenn sie Angst und Schrecken ausdrücken, treten Sie zu ihm mit der Frage: »Haben Sie Angst?« Wenn er ein Zeichen mit den Augen gibt oder nickt, setzen Sie sich zu ihm und fragen: »Wovor haben Sie denn solche Angst, vor a, b, c, d?« Sie erwähnen also Einzelheiten, von denen Sie sich vorstellen können, dass sie den Kranken ängstigen. Wenn er bei einer bestimmten Sache Ihre Hände heftig drückt, reden Sie über dieses Thema und beruhigen ihn mit der Versicherung, dass jemand bei ihm bleiben wird, bis er imstande ist, seine Angst und seinen Schrecken zu überwinden. Zu den besten Beispielen dieser Art gehört der Bericht von Dr. Sharman in den Mitteilungen der *Menninger Foundation* vom Mai 1972. Hier beschreibt er, welche Angst ein Arzt als Patient empfand, weil er sich von einem Beatmungsgerät abhängig wusste. Ein anderer Arzt konnte ihm helfen, weil er einfach hereinkam und ihm sagte, er würde bei ihm bleiben.

Wie geht man mit einem alten Patienten um, der an Zerebralsklerose leidet, also senil ist und meistens die Vorgänge in seiner Umgebung nicht mehr richtig versteht?

Sie behandeln ihn wie ein Neugeborenes, füttern ihn, halten ihn trocken und warm, sorgen für seine Bequemlichkeit, berühren ihn und reden zu ihm wie zu einem Baby. Solche Kranke nehmen Wärme, Freundlichkeit und Zärtlichkeit auch dann wahr, wenn sie nicht mehr imstande sind, ihre Dankbarkeit auszusprechen.

Wie kann man mehr über nicht-verbale Symbolsprachen erfahren? Welche Quelle ist die beste?

Bisher ist nichts über die verbale oder nicht-verbale Symbolsprache Sterbender veröffentlicht worden. Mein Buch *On Children and Death**, das im nächsten Frühjahr bei

* Deutsche Ausgabe: *Kinder und Tod* (1984).

Macmillan Publishing Co. erscheinen soll, wird viele Beispiele über die verbale und die nicht-verbale Symbolsprache bringen.

Ich bin mir nicht klar, was nicht-verbale Symbolsprache alles umfasst. Gehört der Händedruck dazu oder die starre Haltung der Frau im Krankenhaus, die sich von den Blumen ihres Ehemannes umgeben glaubt?

Ja, jede Mitteilung, die nicht in Worten ausgedrückt wird, gehört zur nicht-verbalen Symbolsprache. Wenn ein Kranker, der nicht sprechen kann, ängstlich aussieht, handelt es sich um eine nicht-verbale Äußerung seiner Angst.

Was sollten wir mit todkranken, über lange Zeiten hinweg bewusstlosen Patienten tun?

Die Frage ist sehr schwierig. Ich weiß nicht, wie ich sie zufriedenstellend beantworten kann. Wir können Menschen nicht einfach umbringen; ich bin ganz und gar gegen Euthanasie. Ich glaube, wir müssen sie so gut wie nur möglich pflegen, ohne ihr Leben künstlich zu verlängern. Von der bloßen Aufrechterhaltung körperlicher Funktionen durch Maschinen aller Art halte ich gar nichts, doch ich glaube durchaus, dass ein bewusstloser Patient, der noch Aussicht auf Besserung hat, die allerbeste Behandlung der Welt erhalten sollte. Es ist sehr wichtig, zu berücksichtigen, dass auch komatöse Patienten sich oft ihrer Umgebung bewusst sind. Sie antworten auf die Berührung durch einen liebevollen Menschen, und später erzählen sie Ihnen zuweilen, dass sie hörten, was die Schwestern miteinander redeten, in der Annahme, dass der Patient »sowieso nichts hört«.

Wie kann man wirksam auf einen Menschen eingehen, der offensichtlich Hilfe wünscht, mit dem Sie aber nicht reden können, weil Sie seine Sprache nicht verstehen?

Wenn der Kranke eine fremde Sprache spricht oder Schwierigkeiten hat, sich in der Landessprache auszudrücken, versuchen Sie, ob Sie nicht in der nächstgelegenen Universität einen Studenten finden, der die Sprache des Patienten versteht. Mit etwas Extra-Mühe ist es möglich, Studenten wenigstens zu gelegentlichen Besuchen bei dem Kranken zu veranlassen, damit er ihnen seine wichtigsten Bedürfnisse anvertrauen kann.

Stimmt es, dass der letzte unserer Sinne, der beim Sterben versagt, unser Gehör ist? Und wenn das zutrifft, sollte man dann, wenn man bei einem Sterbenden sitzt, ihm mit Worten versichern, dass man bei ihm bleibt? Ist das ein Trost, oder erzeugt es nur Ängste?

Sicher ist es ein starker Trost, wenn wir wissen, dass in der Stunde des Sterbens ein Mensch bei uns bleibt und unsere Hand hält. Der Besucher braucht nicht unaufhörlich zu reden. Sagen Sie nur: »Hier ist deine Tochter. Kannst du mich hören?« Sie halten die Hand der Kranken und sagen ihr all das, was Sie vielleicht zu sagen versäumten, als sie noch gesund war.

Woher wissen Sie, ob ein halb oder völlig komatöser Patient in Frieden stirbt?

Ich weiß es nicht, falls ich ihn nicht gekannt habe, bevor er das Bewusstsein verlor.

Wenn ein Patient körperlich nicht mehr zum Sprechen imstande ist, aber offensichtlich etwas außerordentlich Wichtiges mitteilen möchte, wie würden Sie herausfinden, um was es sich handelt?

Wenn Sie den Patienten gut genug kennen, verbringen Sie vielleicht ein paar Stunden bei ihm, nennen die Dinge, die er meinen könnte, geben ihm Signale für »ja« oder »nein«. Wenn Sie trotzdem nicht erkennen, was er meint, versuchen Sie einen Angehörigen zu finden, der den Kranken besser kennt und vielleicht herausfindet, was er wünscht.

Wie kann ich einer Patientin helfen, die sehr depressiv ist, sich weigert, jemanden von der Familie zu sehen, sich mit dem Pflegepersonal streitet und zu sterben wünscht? Wie kann man ihr nahe kommen? Sie ist achtundsiebzig Jahre alt und leidet an der Parkinsonschen Krankheit. Dass sie nur eine fremde Sprache spricht, erschwert die Lage zusätzlich. Sie besitzt einen sehr starken Willen.

Eine verärgerte Patientin dieser Altersgruppe, die sich weigert, ihre Angehörigen zu sehen, würde mich wohl auf den Gedanken bringen, dass die Familie ihre Krankenhauseinweisung nicht richtig betrieben oder sie in ein Pflegeheim abgeschoben hat, ohne die Angelegenheit mit ihr zu besprechen. Versuchen Sie, jemanden zu finden, der ihre Sprache spricht, aber nicht mit ihr verwandt ist. Dann wird sie vielleicht imstande sein, über ihren Zorn zu sprechen und eine Freundin zu finden, mit der sie sich besser als mit den eigenen Angehörigen versteht. Im übrigen sollte man sich aber auch um die Familie kümmern, damit sie die Entfremdung überwindet und nicht nach dem Tode der Kranken an Schuldgefühlen leidet.

Wie behandeln Sie einen Patienten, der dem Tode nahe ist und wegen eines Schlaganfalls nicht sprechen kann?

Sie setzen sich einfach zu ihm und halten seine Hand.

Ist es möglich, dass ein Mensch im Koma Anwesende im Raum wahrnimmt oder gar hört?

Ja, das kommt oft vor. Es hängt von der Tiefe der Bewusstlosigkeit ab.

Wie gehen Sie mit der Familie des Sterbenden um, wenn der Patient komatös ist?

Wir halten uns ihr zur Verfügung, beantworten ihre Fragen und sorgen dafür, dass nicht sämtliche Angehörige um sein Bett sitzen und auf seinen Tod warten. Es kann Tage, Wochen, manchmal Monate dauern, und wir müssen der Familie helfen, ihr Leben fortzusetzen. Die jungen Leute sollen ihre Verabredungen treffen, auch ins Kino gehen, wenn es angebracht ist – kurzum, die Familie soll so leben, wie sie es bis dahin getan hat. Wenn Sie ihr nicht dazu verhelfen können, werden die Angehörigen überfordert und immer reizbarer werden und nach dem Tode ihres Kranken Hilfe brauchen, schon deshalb, weil sich in der körperlich und seelisch erschöpfenden langen Wartezeit Zorn, Schuldgefühle und Reizbarkeit angesammelt haben.

Wie würden Sie mit einem sehr kranken Patienten umgehen, der sich vor dem Sterben fürchtet, zugleich aber auch vor den Deformierungen, die ein Weiterleben mit sich bringen würde? Mit Deformierungen meine ich auch die Amputation von Gliedmaßen.

Versuchen Sie zuzuhören, wenn er über seine Besorgnis wegen der Deformierungen spricht. Vielleicht können

Sie ihn aber auch mit anderen Patienten zusammenbringen, die amputiert wurden und noch imstande waren, weiterzuleben und erfolgreich tätig zu sein. Ich glaube, dass niemand heilsamer auf den Kranken einwirken kann als ein anderer Patient, der dasselbe tragische Schicksal erlitten und dennoch sein Leben gemeistert hat.

Wie kann ich am besten einer allein stehenden Dreißigjährigen helfen, sich auszusprechen und ihre Gedanken über den Tod mitzuteilen, vorausgesetzt, dass sie dazu bereit ist? Sie spricht nur Deutsch (das ich auch spreche) und leidet an einer rechtsseitigen Lähmung und Schlingstörung.

Sie hat ja das Glück, eine Freundin zu besitzen, die ihre Sprache spricht. Wenn Sie selbst keine Scheu davor haben, sollten Sie eigentlich imstande sein, sich mit ihr über dieses Thema auszusprechen, falls sie Ihnen irgendeinen Hinweis gibt, dass sie es möchte.

Branchen Sie bei der Kommunikation mit einem sterbenden Patienten dieselbe Art von Sprache, die er anwendet? Wenn er sich zum Beispiel nur symbolisch ausdrückt, tun Sie es dann auch, oder übersetzen Sie es in das normale Englisch?

Ich verwende sehr oft dieselbe Sprache, die der Patient anwendet, und nur, wenn ich merke, dass er bereit wäre, sich in normalem Englisch auszudrücken, wechsle ich gelegentlich dazu über, doch wenn er nicht darauf eingeht, kehre ich zur Symbolsprache zurück.

Wie lernt man es, das verbal oder nicht-verbal, jedenfalls aber symbolisch Geäußerte zu verstehen? Wie werden wir zu besseren Zuhörern, wie lernen wir, »zwischen den Zeilen« zu lesen?

Man lernt es mit der Zeit, mit Geduld und einigen »Lehrmeistern«, die Ihnen erlauben, sie zu begleiten, mit ihnen am Krankenbett zu sitzen und zu beobachten, was andere, vielleicht mehr erfahrene Leute in dieser Hinsicht tun.

Woher wissen Sie, wann es ratsam ist, die Symbolsprache des Kranken aufzunehmen, statt das Gespräch in normalem Englisch weiterzuführen?

Wenn ein Patient eine nicht-verbale Symbolsprache verwendet statt normales Englisch, bedeutet es meistens, dass er noch nicht bereit ist, sich mit Worten und in englischer Sprache zu äußern. Wenn ich merke, was er mir zu verstehen geben will, wende ich oft die Technik an, laut mit mir selbst oder zu einer dritten Person zu reden: »Ich frage mich, ob er jetzt über seine letzten Stunden spricht.« Vielleicht sagt der Patient: »Ja, das ist es, wovon ich spreche.

Meine Tage sind wohl gezählt.« Dann fährt er in normalem Englisch fort. Geht er aber nicht auf meinen Versuch ein, bleibe ich bei seiner eigenen Symbolsprache.

Wie verschaffen Sie sich die Gewissheit, dass der Patient sich tatsächlich symbolisch äußert und dass Ihre Interpretationen nicht nur Ihren eigenen Erwartungen entsprechen?

Wenn ich mich in einer Kommunikation mit dem Patienten befinde und er positiv darauf reagiert, vermute ich, dass ich ihn richtig verstehe. Um dafür zu sorgen, dass wir in unserer Arbeit nicht etwa nur unsere eigenen Bedürfnisse spiegeln oder sie zu stillen versuchen, haben wir ein gutes interdisziplinäres Team, in dem jeder ein Auge auf den anderen hat. Und wenn sich jemand innerlich zu sehr festlegt oder nicht mehr wirklich therapeutisch vorgeht, sind wir offen und aufrichtig genug, um einander zu korrigieren.

Welche Verständigung ist mit einer Patientin möglich, die einen Schlaganfall gehabt hat, sehr krank ist und doch ihre Angst vor dem Sterben nicht mit Worten ausdrücken kann?

Ich würde mich zu ihr setzen, ihr über das Haar streichen und einfach sagen: »Es ist sehr schwer, nicht?« Aus ihrem Blick oder einem festeren Händedruck können Sie erkennen, ob sie erschrocken oder ganz gelassen ist. Sie hat sich Ihnen damit nicht-verbal mitgeteilt, und Sie können daraufhin mit Worten zu ihr sprechen.

Wie übersetzen Sie die Symbolsprache eines Patienten und/oder seiner Angehörigen rasch genug, um angemessen zu reagieren? Erwähnen sie manche Dinge öfter als andere?

Das ist fast ausschließlich eine Sache der Erfahrung. Wir machen immer noch viele Fehler und sind oft nicht fähig, richtig zu interpretieren; doch ich glaube ernstlich, dass es besser ist, den Versuch zu machen und sich dabei zu irren, als es überhaupt nicht erst zu versuchen.

Wie können Sie wissen, ob Ihre Beobachtungen der nichtverbalen Kommunikation richtig sind, wenn Sie die Patienten nicht veranlassen, ihren Empfindungen Ausdruck zu geben?

Ich glaube, wenn ein Kranker im günstigen Sinne, also positiv, reagiert, darf man die eigenen Beobachtungen für zutreffend halten. Man treibt Patienten nicht an, wenn sie keine Empfindungen äußern möchten – sie sind es, die von sich aus verbal oder nicht-verbal zu verstehen geben, ob sie sich mitteilen möchten.

Was halten Sie von dem Humor, den man manchmal bei sterbenden Menschen antrifft? Ich meine damit keinen zynischen Humor, sondern eine Art und Weise, aus der eine gesunde Einstellung zum Leben und Freude am Lebendigsein spricht. Ich sehe in solchem Sinn für Humor ein gutes Zeichen und eine gute Methode, uns etwas zu lehren.

Ich habe mich immer am Humor sterbender Patienten erfreut, ich kann mit manchen von ihnen herzlich lachen. Sie haben einen unglaublichen Sinn für Humor, wenn für ihre unerledigten Dinge gesorgt wird – und wenn Sie selbst nicht mit Grabesmiene ins Zimmer treten und es nicht pervers finden, mit einem Sterbenden zu lachen. Menschen, die in ihrem Leben einen starken Sinn für Humor entwickelt haben, können ihn bis in das Sterben hinein bewahren.

Vor zwei Monaten sollte mein Mann an der Lunge operiert werden, wurde aber plötzlich sehr ängstlich. Ich fragte die Oberschwester morgens um 7.30 Uhr, eine halbe Stunde vor dem Eingriff: »Falls er nun dabei stirbt und keine Hilfe mehr möglich ist, darf ich dann für ein paar Minuten in den Operationssaalkommen?« Das lehnte sie ab. Um 7.35 Uhr stellte man eine Hepatitis bei meinem Mann fest – er wäre auf dem Operationstisch gestorben, und mein Instinkt hatte recht gehabt. Jetzt fürchtet er sich aber vor der Rückkehr, und die Familie schwankt, was das Richtige wäre. Was können wir tun?

Beraten Sie sich mit dem Hausarzt oder mit dem der behandelnden Ärzte, zu dem Sie das meiste Vertrauen haben und mit dem Sie am besten sprechen können. Lassen Sie sich von ihm die verschiedenen Möglichkeiten sagen. Er wird sie dann Ihrem Mann unterbreiten können, und der Patient selbst ist es, der ja oder nein zu der Operation sagen muss.

Sie erklären, es sei allgemein bekannt, »dass wir im Unterbewusstsein davon überzeugt sind, wir selbst könnten unmöglich vom Tod betroffen werden. Unbewusst sträuben wir uns gegen die Vorstellung, dass unser Leben auf der Erde ein Ende haben könnte.« Nun scheint Mutter Natur die lebendigen Geschöpfe ihren Bedürfnissen entsprechend auszustatten. Könnte es nicht vielleicht so sein, dass unserem Unterbewusstsein diese Vorstellung fehlt, weil es so etwas wie den Tod der Seele gar nicht gibt? Könnte hier nicht ein Hinweis auf das innerste Wissen des Menschen von der Wirklichkeit religiöser Wahrheiten über das Leben nach dem Tode vorliegen?

Es ist durchaus vorstellbar, dass die Seele oder der Geist fortlebt und uns der eigene Tod deshalb unvorstellbar erscheint.

Wenn Sie einen Menschen darauf vorbereiten, mit seinem Tod einverstanden zu sein, machen Sie dann (medizinisch gesprochen) den Tod nicht vielleicht gewisser, als er im Grunde ist? Vielleicht würde sich der Patient erholen, wenn er darum kämpfte. Wunder können geschehen.

O ja, es gibt Wunder, doch ich habe niemals das Wunder erlebt, dass ein Mensch imstande war, endgültig seinen Tod zu verhindern. Jeder von uns muss sterben, und je früher wir die Wirklichkeit unseres eigenen Todes hinnehmen, um so früher können wir beginnen, wahrhaft zu leben. Viele Patienten, die fähig waren, ihre Angst vor dem Tod zu überwinden, und die ihre eigene Endlichkeit annahmen, waren danach imstande, alle inneren Kräfte und Hilfsquellen zu mobilisieren und um ihre Genesung und ihre Heimkehr zu kämpfen.

Glauben Sie, dass Patienten den Tod als Katastrophe ansehen, weil er ihrer Kontrolle entzogen und ihrem Verständnis unerreichbar ist?

Für manche Menschen liegt tatsächlich der Schrecken darin, dass der Tod ihrer Kontrolle entzogen und ihrem Verständnis unerreichbar ist. Doch die eigentliche, unterdrückte und unbewusste Angst stammt aus der Vorstellung des Todes als einer katastrophal zerstörenden Gewalt, und das führt letztlich zurück auf unsere eigene potentielle Vernichtungsgewalt. Ich glaube, wenn wir mit unserer eigenen Destruktivität ins Reine kämen, wären wir auch fähig, unsere Todesfurcht zu überwinden.

Eine Schwester stellte nach einem Interview mit einem sterbenden Patienten vor der gesamten Zuhörerschaft die Frage: »Für mich ist der Tod eine ganz persönliche Erfahrung. Ich habe vier gute Freunde verloren. Verletzt ein solches Interview nicht die menschliche Würde? Ich komme mir im Grunde wie in einem Zoo vor, in dem wir auf den sterbenden Menschen blicken, selbst, wenn wir daraus lernen sollen.« Was meinen Sie dazu?

Wenn ich ein Interview mit Zuhörern durchführe, habe ich genau wie Sie gemischte Gefühle. Aber ich weiß, dass sich der Patient nicht zur Verfügung gestellt hätte, wenn er sich nicht irgendeinen Gewinn für sich selbst versprochen hätte. Alle unsere Patienten sind gefragt worden, ob sie freiwillig zu einem solchen Interview kommen würden, und die meisten haben zugestimmt. Ich glaube, ein Grund dafür, dass todkranke Patienten für diese Art von Dialog dankbar sind, liegt darin, dass er in eine Periode ihres Lebens fällt, wo sie sich für eine Last halten, wo sie nutzlos sind, »zu nichts mehr nütze«. Wenn wir sie dann aber fragen, ob sie uns einen Dienst erweisen können, fühlen sie zum ersten Mal nach Wochen oder Monaten, dass sie noch etwas beizutragen haben, wenn es auch nicht mehr ist, als ein Licht auf die Geheimnisse des Sterbens zu werfen und uns zu helfen, andere Patienten besser zu unterstützen. Aus diesem Grund setze ich die Interviews auch fort. Ich habe nicht den Eindruck, dass sie die menschliche Würde verletzen, und ich glaube, wenn Sie wüssten, wie vertraulich und wie freundlich und wie liebevoll manche dieser Interviews verlaufen, würde die Frage nach der Verletzung der Würde nicht aufkommen.

Was würden Sie antworten, wenn jemand sagt: »Falls Gott uns liebte, würde er uns nicht solche Schmerzen leiden lassen«?

Ich bin nicht dieser Meinung und fühle mich ganz sicher, wenn ich meine eigenen Ansichten über Gott und den Sinn des Leidens mit meinen Patienten bespreche, ohne zu versuchen, ihnen meine eigenen Wertsetzungen, meine eigene Philosophie oder religiösen Glaubensinhalte aufzuzwingen.

Sie sagten, wir müssten auf die besondere Hoffnung der Sterbenden bauen. Wie lässt sich das erfüllen, wenn die Grundlage solcher Hoffnung völlig unrealistisch erscheint?

Wenn ein todkranker Patient mit wenig Aussichten, länger als noch ein paar Monate am Leben zu bleiben, die Hoffnung ausspricht, noch viele Jahre leben zu können, dann ist das ein sehr, sehr realistischer Ausdruck seiner augenblicklichen Empfindungen. Ich scheue mich nicht, ihm zu antworten: »Wäre das nicht wunderbar?« Auf diese Weise drücke ich mein Verständnis für seine Wünsche aus und gebe ihm gleichzeitig zu verstehen, dass es sich vielleicht um einen unerfüllbaren Traum handelt. Wir teilen immer die Hoffnungen unserer sterbenden Patienten, wenn wir wirklich mit ihnen empfinden. Wenn eine junge Mutter, die sterben muss, meint: »Ich hoffe, dass dieses Forschungslaboratorium hart arbeitet, damit ich eines von diesen Wundermitteln bekomme und geheilt werde«, dann weiß ich, dass die Aussichten auf Erfüllung ihrer Hoffnung äußerst gering sind, doch ich würde ihre Hoffnung ohne Scheu mit ihr teilen, weil auch ich möchte, dass sie auf ein neues Mittel ansprechen, geheilt werden und zu ihren Kindern heimkehren kann.

Erklären Sie bitte die Dimensionen der Hoffnung vom Standpunkt des Patienten aus, die ganz anders als die Hoffnung sein kann, die sich das Ärzteteam macht.

Es gibt zwei Arten von Hoffnung, die man auseinander halten muss. Zu Beginn einer tödlichen Erkrankung bezieht sich Hoffnung fast ausschließlich auf Heilung, Behandlung und Lebensverlängerung. Das gilt für alle, für den Patienten, die Familie, die Klinikangehörigen. Wenn aber diese drei Ziele nicht mehr wahrscheinlich sind – ich spreche nicht von »möglich«, weil es immer Ausnahmen gibt –, dann wandelt sich die Hoffnung des Todkranken und richtet sich nicht mehr auf Heilung, Behandlung und Verlängerung des Lebens. Seine Hoffnungen ziehen nur noch kurze Fristen in Betracht oder haben mit dem Leben nach dem Tode oder mit den Zurückbleibenden zu tun. So verdichtete sich die Hoffnung einer sterbenden jungen Mutter kurz vor ihrem Tod zu dem Wunsch: »Ich hoffe, dass meine Kinder es schaffen.« Eine andere, gläubige Patientin sagte: »Ich hoffe, Gott wird mich in seinen Garten aufnehmen.« Es ist unbedingt notwendig, dass wir auf den Patienten hören und seine Hoffnungen stärken und nicht unsere eigenen auf ihn übertragen, denn sonst können wir ihm nicht wirklich helfen.

Woher mag es kommen, dass ein bestimmter Patient niemals eine Phase des Zorns gekannt und niemals nach dem Warum gefragt hat? Liegt der Grund vielleicht in seinem Glauben?

Ja, ein Patient mit starkem Glauben stellt vielleicht nie die Frage, warum ihm das zustoßen musste. Wenn er wirklich die Phase der Zustimmung erreicht hat, bevor er todkrank geworden ist, macht er niemals die Phase der Auflehnung durch.

Was halten Sie davon, dass man zu einem sterbenden Patienten sagt: »Vielleicht ist es Gottes Wille?«

Ich mag diese Antwort nicht. Sie sagt sich zu leicht und hilft nichts, führt im Gegenteil oft zum Zorn gegen Gott oder den Seelsorger.

Fällt es den Menschen, die keinen Begriff von Unsterblichkeit kennen, schwerer, die einzelnen Phasen zu bewältigen?

Nicht unbedingt. Es spielt keine Rolle, ob Ihr religiöser Glaube auch den Glauben an die Unsterblichkeit einschließt. Wer auch immer man ist, welche religiösen Überzeugungen man haben mag – wichtig ist nur, dass sie echt und wahr sind. Wir haben sehr wenig Leute kennen gelernt, die nicht an irgendeine Form von Unsterblichkeit glaubten. Manche erkennen sie in ihrem hinterlassenen Werk, andere sehen sich in ihren Kindern weiterleben, wieder andere glauben an eine Auferstehung oder an ein wirkliches Leben nach dem Tode.

Haben Sie je mit einem Atheisten zu tun gehabt, und wie hat er oder sie den Tod hingenommen?

Wir haben nur vier echte, überzeugte Atheisten betreut, sie sind in überraschendem Frieden und in Zustimmung gestorben, nicht anders als gläubige Menschen.

Wie geht man mit einem sterbenden Patienten um, der keine religiöse Überzeugung hat oder sie jedenfalls leugnet? Wie bietet man ihm Trost und/oder einen Sinn?

Es gibt viele Möglichkeiten, Sterbenden Trost zu gewähren, und das sollte nicht von seiner religiösen Überzeugung abhängen. Trost bedeutet, dass Sie bei ihm sind, ihm körperliche Linderung verschaffen, seine Schmerzen mildern, seinen Rücken abreiben, ihn umdrehen, falls er sich nicht mehr bewegen kann, seine Hand halten, auf seine Bedürfnisse achten. Auf diese Weise können Sie Patienten helfen, ob sie nun gläubig sind oder nicht. Echter Glaube und wirkliche Liebe zeigen sich oft besser in Taten als in Worten.

Die Forschung bringt uns wertvolle Erfahrungen, aber sie kommt nicht an das Erlebnis des Sterbens selbst heran. Wie kann ein Angehöriger der Heil- und Pflegeberufe zu einem wirklichen Verständnis gelangen?

Niemand kennt die Wahrheit wirklich. Wir können uns ihr nur nähern. Ich glaube, wir können uns mit unseren sterbenden Patienten identifizieren und einen Zipfel der Wahrheit fassen – was aber nicht heißt, dass wir tatsächlich die volle Bedeutung begreifen. Aber besser, wir fragen und versuchen Antworten zu finden, als dass wir wegsehen und so den Sterbenden wie das Erforschen der ganzen Problematik aufgeben.

…

Haben Sie bei Ihrer Arbeit mit sterbenden Patienten einen Unterschied in der Art und Weise festgestellt, wie der sterbende Christ und der sterbende Nicht-Christ den Tod hinnehmen?

Wir haben sehr viel mehr mit christlichen als mit nichtchristlichen Patienten gearbeitet, doch der entscheidende Unterschied liegt nicht in dem, was man glaubt, sondern in der Echtheit und Tiefe des Glaubens. Menschen, die an Wiedergeburt glauben, Menschen aus östlichen Kulturkreisen und Religionen, haben oft den Tod mit unglaublichem Frieden und sogar in jungen Jahren mit Gleichmut hingenommen, während viele unserer christlichen Patienten sich nur unter Qualen mit dem Tod abfinden konnten. Nur die wenigen wahrhaften, echten Frommen haben dem Tod in großem Frieden und Gleichmut zugestimmt. Doch wir haben in unserer Beratungsarbeit nur sehr selten mit solchen Menschen zu tun gehabt, weil wir meistens zu denen gerufen werden, die Schwierigkeiten überwinden müssen. Ich möchte sagen, dass etwa 95 Prozent der Patienten, die wir beobachtet haben, irgendwie religiös waren, aber keineswegs glaubhaft und überzeugend. Diese Patienten machen sich dann noch zusätzliche Sorgen über Strafe nach dem Tod oder haben Schuldgefühle wegen verpasster Gelegenheiten.

Können Sie aus Ihrer Erfahrung heraus sagen, dass eine tiefe, beständige Beziehung zu Gott den Tod sinnvoll und »leichter« – ich bitte das Wort zu entschuldigen – zu ertragen macht?

Wahrhaft gläubige Menschen mit einer tiefen und beständigen Beziehung zu Gott haben es sehr viel leichter gehabt, dem Tod gelassen entgegenzugehen. Da sie aber kaum unsere Hilfe brauchen, sind wir ihnen nur selten begegnet.

Wird ein Mensch mit dem unerschütterten Glauben seiner Religion (etwa dem katholischen Glauben an ein besseres Leben im Himmel) auch die Phasen des Sterbens durchmachen?

Ja, auch fromme Menschen durchleben dieselben Phasen des Sterbens, wenn auch meist schneller und ruhiger.

Wie hilft nach Ihrer Erfahrung das Gebet den Patienten und ihren Familien, sich mit dem Tod abzufinden?

Ich glaube an die Hilfe des Gebets, wenn ein Patient oder seine Familie darum bittet. Wenn Sie es nicht ganz sicher wissen, gehen Sie einfach zu dem Sterbenden ins Zimmer und fragen ihn, ob er ein Gebet hören möchte. Bejaht er es, dann tun Sie den nächsten Schritt – beten Sie, aber ohne Gebetbuch. Hören Sie auf Ihr eigenes Herz und Ihre eigene Seele, sprechen Sie spontan, lesen Sie aber keinen vorbereiteten Text. So ein spontanes, aufrichtiges, von einem liebevollen Menschen gesprochenes Gebet kann oft besser helfen als ein Beruhigungsmittel.

Aus: *Was können wir noch tun?* S. 43–54, 148–156.

Befreiung aus der Angst

Nachdem EKR die Universität von Chicago 1969 verlassen hatte, wurde sie im ganzen Land und bald darauf auch außerhalb der USA eingeladen, Vorträge und Workshops zu halten. Die zweite Phase ihres Lebenswerks hat begonnen.

Die Arbeit mit Sterbenden hatte sie gelehrt, dass viele Menschen nie zu ihrer Bestimmung und daher nie zum eigentlichen Leben finden, weil die eigene Negativität und die vielen »unerledigten Dinge« sie daran hindern. Immer wieder kommt EKR auf diese psychischen Altlasten zu sprechen, die Ursachen von Neurosen und Lebensdefiziten. Um Menschen zu helfen, sich dieser Hemmungen bewusst zu werden und sie aufzuarbeiten, konzipierte sie die Workshops über »Leben, Tod und Übergang«. Sie zogen nicht nur Schwerkranke und ihre Angehörigen an, sondern generell Menschen in einer Krise und solche, die sich auf die Suche nach einem wahrhaftigeren und erfüllteren Leben machen wollen. Die mit Fotos dokumentierten Berichte über den Ablauf dieser fünftägigen Seminare in ihrem Buch Befreiung aus der Angst *gehören zu den bewegendsten Zeugnissen der Arbeit von EKR.*

Die Workshops erwiesen sich als eine wahre Werkstatt des Lebens, die vielen Menschen zu einem von psychischem Druck befreiten, schöpferischen Leben verhalf.

Zehn Jahre lang legte EKR über 300 000 Kilometer zurück und erreichte mit ihren Vorträgen, Fernsehauftritten und Interviews viele Tausende von Menschen. Dieses strapa-

ziöse Wanderleben ließ den Wunsch reifen, ein festes Zentrum für ihre Arbeit zu gründen, wo sie, unterstützt von geschulten Mitarbeiterinnen, ihre Workshops mit 60–80 Personen in kongenialer Umgebung durchführen konnte.

Shanti Nilaya

Im Herbst 1976 kam ich an einen Punkt, wo ich erkennen musste, dass ich diese Arbeit nicht mehr alleine weiterführen konnte. In den vergangenen zehn Jahren hatte ich kreuz und quer durch die Vereinigten Staaten, Europa, Kanada, SüdAmerika und Japan Vorträge gehalten, war herumgereist, hatte Workshops geleitet und zwischendurch mit unzähligen Patienten gesprochen. Meine Korrespondenz begann sich zu häufen, und ich war immer um Tausende von Briefen im Rückstand. Obwohl ich zwei Sekretärinnen zu meiner Entlastung anstellte, war es nie möglich, die Korrespondenz aufzuholen. Noch dringlicher wurde die steigende Nachfrage nach diesen intensiven Workshops. Meine Energiereserven nahmen ab.

Vor dem Workshop in Santa Barbara hatte ich einen in Kanada mit siebzig Teilnehmern gehalten, unter denen sich ein Querschnittsgelähmter, mehrere Krebspatienten und etliche Patienten mit geistigen Störungen an der Grenze einer Psychose befanden. Am ersten Abend arbeiteten wir bis Mitternacht, am zweiten bis zwei Uhr morgens, am dritten bis drei Uhr morgens und am letzten Abend des Workshops bis fünf Uhr früh, und wir begannen unsere Arbeit jeden Tag um neun Uhr morgens. Als ich das fünftägige Seminar beendet hatte, war ich aus

Schlafmangel völlig erschöpft und ausgepumpt. Und obwohl ich an der ungeheuer großen Bereitschaft zur Mitteilung und an der liebevollen Zuwendung gerade in dieser Gruppe meine Freude hatte, spürte ich, dass ich eine Woche zur Erholung brauchte, bevor ich wieder »auf die Reise gehen« konnte.

Nach diesem Workshop sah ich ein, dass ich Hilfe brauchte, und brachte seither immer einen oder zwei Assistenten mit. Von verschiedenen Mitgliedern der helfenden Berufe kam die Bitte um ein individuelleres Training über einen längeren Zeitraum. Dies schien eine unmögliche Aufgabe zu sein, da ich hektische Reisetermine habe, die mir nie gestatten, mich länger als einen oder zwei Tage an einem Ort aufzuhalten. Außerdem habe ich auf der ganzen Welt Konsultationen mit Patienten. Ich verbrachte viel Zeit damit, Gespräche zu führen, die Zeichnungen sterbender Kinder zu interpretieren und Eltern, Lehrern, Geistlichen und Psychologen allgemeine Richtlinien zu geben. Es war unmöglich für mich, Schulungskurse abzuhalten, eventuell auch für Medizinstudenten, um sie einige Monate lang in einem außerklinischen Lehrgang in diesem sehr speziellen und sich eben erst entwickelnden Gebiet der Medizin auszubilden.

Natürlich nahm allmählich der große Traum Gestalt an, einen Ort zu besitzen, der uns gehörte, irgendwo in den Bergen, so hoffte ich, die mich an meine Kindheit erinnern. Wir wollten einen Ort mit der heiteren Ruhe und dem Frieden eines Berglands, der jedoch für alle Hilfesuchenden gut zu erreichen wäre. Wir brauchten eine gute Zufahrtsstraße und einen nicht zu weit entfernten Flughafen für diejenigen, die todkrank oder behindert waren und keine Überlandfahrten im Auto auf sich nehmen konnten.

Wir nahmen uns Zeit, in den Bergen von Escondido nach einem geeigneten Ort zu suchen, und stellten uns vor, wie schön es wäre, wenn wir ein großes Grundstück fänden. Wir würden ein Zentrum eröffnen, wo wir Schulungskurse in dieser Art von Arbeit abhalten würden und wo Leute, besonders wenn sie von weither anreisten, wohnen konnten, während sie an unseren Workshops über Leben, Tod und Übergang teilnahmen. Ein Ort, wohin Menschen einfach kommen konnten, um sich mit ihrer eigenen Negativität auseinanderzusetzen, um ihren Schmerz, ihre Qual und ihre Wut zu lindern, um sich zu befreien und zu läutern und in der Lage zu sein, ihr Leben positiver und voller zu leben.

Auf einer unserer Wanderungen kamen wir an ein Stück Land, das nicht zum Verkauf angeboten war, das aber nicht nur attraktiv aussah, sondern auch einen unwahrscheinlichen Frieden und eine heitere Ruhe ausstrahlte. Es war ein Plateau von fast zwanzig Morgen Land auf dem Gipfel eines Berges, der von einem Ring felsenbedeckter Berge umgeben war. Über uns sahen wir einen blauen Himmel, rings umher Orangenbäume, gelegentlich einen Avocadobaum, wild wachsende Fliederbüsche und die typische Vegetation von SüdKalifornien. Jahrelang hatte hier Dürre geherrscht, und vieles war gelb und vertrocknet; aber dieser Ort hatte etwas besonders Friedliches, das uns an keinem der anderen Orte begegnet war, wo ein Schild »Zu verkaufen« stand.

Was konnten wir schon verlieren, wenn wir den Besitzer fragten, ob er die Absicht hatte, dieses Grundstück zu verkaufen? Da wir kein Geld hatten, verfolgten wir einfach einen Traum, weiter nichts. Wir wurden von einer außerordentlich liebenswürdigen und gastfreundlichen englischen Dame und ihrem überaus zuvorkommenden und liebenswerten Ehemann empfangen und mit einigen ihrer hübschen, erwachsenen Töchter bekannt gemacht. Wir vertrauten ihnen einfach unseren Traum an. Er sagte gleich, dass er schon daran gedacht hatte, sein Grundstück zu verkaufen, da seine Kinder alle herangewachsen seien und er und seine Frau keine zwanzig Morgen brauchten, die mehr Arbeit erfordern würden, als er leisten konnte. Da er zu Hause lebte, arbeitete und seinen Unterhalt verdiente, war es für ihn ein Leichtes, in der Nähe oder bei seinen verheirateten Kindern einen anderen Platz zu finden, und er erwog ernsthaft, den Besitz zu verkaufen, wenn er den rechten Käufer fände.

Wir schenkten ihm reinen Wein ein. Wir sagten ihm, dass wir keine Ahnung hatten, woher wir das Geld nehmen sollten, aber dass wir auch wussten, dass dies das richtige Gelände war und dass uns das Geld schon irgendwie zufließen würde. Ich weiß nicht, was er von uns hielt. Er betrachtete uns vermutlich als ein paar phantasierende Idealisten (was in gewisser Hinsicht auch stimmt), aber er war immer freundlich und herzlich zu uns.

Als wir zwei Wochen danach wiederkamen, fanden wir ein Auto mit Interessenten vor, die Bargeld hatten und für das Grundstück sofort bezahlen wollten. Wir baten den Besitzer noch einmal, das Land für uns zu reservieren, weil wir ganz einfach ein gutes Gefühl dabei hatten und auf einer Ebene unseres Bewusstseins sicher waren, dass dies das Richtige war.

Unser größtes Problem war, genug Geld aufzutreiben, um eine Anzahlung zu leisten. Ich wusste nur einen Weg, nämlich zu einer Bank zu gehen, wo ich Kredit hatte, und ein Bankdarlehen aufzunehmen, um ein Grundstück zu kaufen. Das wurde mir prompt abgeschlagen, weil es nach irgendwelchen Bankvorschriften offenbar nicht erlaubt ist, Darlehen für Grundbesitz außerhalb des Bundesstaates zu gewähren.

Es folgten sehr schwierige Monate, und mein einziger Ausweg war ein Appell an alle diejenigen, denen ich in der Vergangenheit geholfen hatte. Ich schrieb einen Brief an alle Personen, die je an einem meiner einwöchigen Workshops teilgenommen hatten, adressierte und frankierte tausend Briefumschläge und brachte sie auf das Postamt von Flossmoor. Ich hoffte, dass irgend jemand uns irgendwo und irgendwie genügend Geld geben würde, damit wir eine Anzahlung für Shanti Nilaya machen konnten.

Dann kamen Briefe voll liebevoller Unterstützung und Ermutigung, mit sehr vielen schönen Gedanken und Ideen, jedoch sehr wenig Geld. Jede Dollarnote wurde sorgfältig aufbewahrt und in eine Metallbüchse mit der Aufschrift »Shanti Nilaya« getan. Jedesmal, wenn ich nach Kalifornien flog, machten wir bei den dortigen Banken die Runde und fragten an, ob wir von ihnen Geld bekommen konnten. Wir wurden dort mit unglaublicher Grobheit empfangen. Ich weiß nicht, ob das an meiner naiven Art lag oder an der Tatsache, dass ich als eine ihnen unbekannte, fremde Frau um eine große Geldsumme vorstellig wurde, oder ob es die allgemeine Gepflogenheit war, Leuten von außerhalb des Staates kein Geld zu leihen. Jedenfalls hatte ich am Ende meiner Suche wenig Hoffnung, dass wir jemals ein genügend hohes Darlehen bekommen würden, um das Grundstück zu kaufen.

Am letzten Tag, bevor die für uns hinterlegte Übertragungsurkunde verfiel, kam mit der Post ein Brief von einer Gruppe todkranker Kinder aus Rhode Island. Sie schrieben, dass sie gerne einen Beitrag zu Shanti Nilaya leisten wollten, obwohl sie wussten, dass sie sterben würden, bevor sie etwas davon hätten. Sie hatten beschlossen, ihre Sparschweine auszuleeren und den Priester zu bitten, die Fünf- und Zehncentstücke zu zählen und uns einen Scheck in der Höhe von 3.96 Dollar auszustellen. Als ich den Brief und den Scheck dem Besitzer des Grundstücks zeigte, dessen Schwiegertochter mit meiner

Arbeit vertraut war, erhielten wir die Zusicherung, dass sie das Grundstück behalten würden, bis wir das Geld dafür hätten. Sie würden dieses besondere Stück Land für uns aufheben, und sie hielten Wort. Sie hielten nicht nur ihr Versprechen, sondern hinterließen eine Menge wichtiger Dinge für unseren Gebrauch, wie Betten, Bettwäsche und Haushaltsgeräte, die für uns »Anfänger« eine große Hilfe waren.

Die Einweihung von Shanti Nilaya fand am Morgen des Erntedankfests, am 27. November 1977, bei Sonnenaufgang statt. Zu unserer großen Überraschung kamen über tausend Menschen aus allen Teilen des Landes. Manche kamen in Rollstühlen, manche in Autos und auf Motorrädern, viele kamen in gemieteten Bussen, um die Eröffnung unseres ersten, doch nicht unseres letzten Shanti Nilaya mit uns zu feiern.

...

Es gab viele Menschen, die nach Kalifornien ziehen wollten und Shanti Nilaya als einen Hafen oder als eine mögliche Kommune betrachteten, in der sie künftig leben könnten. Viele von ihnen hofften, dass sie nicht hart arbeiten müssten, um von den mannigfaltigen Lehren zu profitieren, die wir an alle Suchenden weitergeben wollten. Viele gingen enttäuscht fort, weil eine Voraussetzung für die Arbeit in Shanti Nilaya darin besteht, dass jeder einzelne meiner Mitarbeiter, sei es der Gärtner oder der Monteur, der medizinische Direktor oder der Yogalehrer, an sich selbst arbeiten muss. Sie müssen alle Prüfungen und Erfahrungen mit der »Schleudertrommel« bestehen, die unsere Workshopteilnehmer durchmachen, bevor sie als geeignete Mitarbeiter in Shanti Nilaya, hier oder in Übersee, in Betracht kommen.

Viele Leute, die jahrelang als Psychologen gearbeitet haben, meinen, dass ihre akademische Ausbildung ausreichend sei. Und wenn sie einen Workshop über Leben, Tod und Übergang mitmachen, sind sie eingeschüchtert und betroffen darüber, wie viel Negativität bei ihnen selbst hochkommt. Viele sind nicht gewillt, diesen Preis der Arbeit an ihrem eigenen inneren Wachstum für eine schlecht bezahlte Stellung als Mitarbeiter von Shanti Nilaya zu entrichten.

Das Resultat war natürlich ein ungeheurer Schwund früherer Fans, von Leuten, die mit phantastischen Vorstellungen und Träumen gekommen waren, dass sie an einem paradiesischen Ort auf dem Gipfel eines Berges leben würden, ohne sich öffnen und etwas von sich selbst geben zu müssen.

Die Scheidung von Spreu und Weizen kommt immer wieder vor. Wir haben jetzt eine wunderbare, einsatzbereite Gruppe von Menschen übrig, die gewillt waren, durchzuhalten und an sich zu arbeiten, und die aus der Schleudertrommel als Edelsteine hervorgingen, anstatt darin zermalmt zu werden.

Wir haben immer noch keine Heimat; wir mieten die gegenwärtigen Einrichtungen, bis wir genügend Mittel haben, um Land zu kaufen und unser Traumzentrum zu bauen. Wir üben uns in Geduld und versuchen, die Zeit zu unserem Freund zu machen!

Inzwischen fragen uns Menschen in allen Teilen des Landes und der Welt oft bei Vorträgen, in Telefonanrufen und Briefen: »Was *ist* Shanti Nilaya?« Wir haben die Frage in einer Spalte unseres Rundbriefes beantwortet, der an mehr als fünfundzwanzigtausend Menschen ausgesandt wird, die ihn anfordern und die noch auf andere Art mit uns »verbunden« bleiben wollen. In dieser Spalte schrieben wir:

Die Worte »Shanti Nilaya« stammen aus dem Sanskrit und bedeuten »Haus des Friedens«. Doch dieser besondere Hort ist kein bestimmter Ort. Er ist kein Geschäft, keine Firma, keine Gruppe von Häusern auf einem Grundstück.

Shanti Nilaya ist ein Konzept, kein Haus aus Beton. Dieses Konzept ist im Herzen all jener bewahrt, die wissen und wirklich begreifen, was bedingungslose Liebe ist, und die sie praktizieren. Das Konzept von Shanti Nilaya besagt, dass ein Hort des Friedens in jedem von uns ist. Wenn wir dorthin gehen, sind wir sicher und werden nicht verurteilt, wir sind akzeptiert und bedingungslos geliebt. Wenn wir dorthin gehen, finden wir Platz genug, um so viele Menschen in unseren Raum der Liebe einzubeziehen, wie wir um uns haben. Es ist immer genug Platz, es herrscht niemals Mangel, und es fehlt an nichts.

»Shanti Nilaya« ist kein besonderer Ort in Escondido, Kalifornien, oder in Sao Paulo, Brasilien, oder in Australien oder Holland oder an der Ostküste. Es ist kein multinationaler Konzern mit über die ganze Landkarte verstreuten Zweigniederlassungen. Shanti Nilaya ist Schönheit, kein Gebäude; Gnade, nicht Grundbesitz; Tapferkeit, kein Konzern; Mitgefühl, keine Handelsgesellschaft; Liebe, kein Gesetz; Hingabe, kein Doktordiplom.

Es bedeutet Menschen, die Menschen lieben. Menschen, die für andere Sorge tragen. Menschen, die sich selbst und ihren unverwechselbaren Platz im Universum kennen und verstehen lernen.

Es ist wahr, dass unsere Arbeit weitgehend mit Todkranken, mit sterbenden Kindern, mit Eltern, die ein Kind verloren, und mit anderen, die im Leben Verluste erlitten haben und sich mit ihrem Schmerz, ihrem Zorn und ihrer Sorge auseinandersetzen, zu tun hat. Sie umfasst aber noch mehr als dies. Sie wurde von einer sich immer weiter entfaltenden Vision inspiriert und von Ihrer aller Liebe getragen.

Wir erhalten viele Briefe von Leuten, die uns fragen, wie sie in ihrer eigenen Gemeinschaft in unserem Sinne arbeiten können. Viele Verfasser solcher Briefe teilen uns mit, dass sie Psychologen oder Organisatoren von Hospizen, Sozialarbeiter oder freiwillige Krankenpfleger, Laienpfarrer und Betreuer sind. Und sie wollen wissen, wie sie an die Mission von Shanti Nilaya »Anschluss bekommen« können.

Natürlich sagen wir ihnen voll Glück und Freude, dass sie bereits dabei sind, die Arbeit von Shanti Nilaya zu leisten, und dass sie so weitermachen sollen!

Wenn Sie eine Sekretärin oder ein Büroangestellter, ein Polizist oder eine Radioansagerin sind, dann tun auch Sie die Arbeit von Shanti Nilaya, wenn Sie Ihre Arbeit aus Liebe, um ihrer selbst und anderer willen tun.

Das Wichtigste an Shanti Nilaya ist, dass seine größte Botschaft von Menschen aller Religionen, jeglicher Herkunft und Erfahrung und aus allen Lebensbereichen angenommen werden kann. Man braucht an keine spezifischen theologischen Lehren zu glauben, um diese größere Botschaft zu vernehmen. Man braucht nicht einmal ein »Freund von Shanti Nilaya« zu sein, weil diese Botschaft nicht »uns gehört«. Sie ist universell. Und sie ist schön in ihrer Einfachheit.

In jedem von uns steckt ein Potential von Güte, von dem wir uns nichts träumen lassen; von der Fähigkeit zu geben, die keinen Lohn verlangt; der Fähigkeit zuzuhören, ohne ein Urteil zu fällen; der Fähigkeit, bedingungslos zu lieben.

Es ist unser Ziel, dieses Potential zu verwirklichen. Wir können uns jeden Tag und jede Minute daran annähern, im Großen oder im Kleinen, wenn wir es versuchen.

Wenn wir diesen Weg gefunden haben, dann haben wir in unserem Inneren ein eigenes »Haus des Friedens«

errichtet. Das »äußere« Shanti Nilaya versucht lediglich, denjenigen zu helfen, die auf der Suche sind und ihr »inneres« Shanti Nilaya finden wollen.

Aus: *Befreiung aus der Angst*, S. 40 f., 44–49.

Die Workshops über »Leben, Tod und Übergang«

Genauso wie mit einem Freund können wir erst dann mit unseren Emotionen bekannt werden, wenn wir ihnen von Angesicht zu Angesicht gegenübertreten. Das ist der Prozess unserer Workshops.

In diesem Kapitel soll in knapper Form skizziert werden, wie die Dinge in unseren fünftägigen Workshops bisher abgelaufen sind. All dies kann sich natürlich ändern. Ein Workshop ist etwas Organisches, etwas Lebendiges, für das es im Grunde kein vorgegebenes Schema und keinen Stundenplan gibt. Trotzdem konnten wir von unseren frühesten Bemühungen an bis zu unseren letzten Workshops feststellen, dass sie manches Gemeinsame hatten.

So fanden wir zum Beispiel, dass jeder Workshop nach einem bestimmten Muster ablief, das keinem theoretischen Rahmen entsprang, sondern sich einfach auf natürliche Weise entwickelte. Dieses Muster schien den Bedürfnissen der großen Vielfalt von Menschen zu entsprechen, die aus verschiedenen Gründen zu diesen Seminaren kommen.

Den ersten Tag verbrachten wir damit, dass jeder Teilnehmer sich ganz informell vorstellte, damit jeder einen Eindruck von der Unterschiedlichkeit der sozialen und beruflichen Herkunft der Menschen bekam, mit denen er in der kommenden Woche zusammenleben würde. Die Teilnehmer erfuhren dadurch auch, aus wieviel verschiedenen Gründen ein solcher Workshop besucht wird. Es gab Leute, die im Prozess einer Trennung oder Scheidung standen. Andere erwarteten ihre Gerichtsverhandlung als Angeklagte eines Verbrechens, das sie nicht begangen hatten. Sie mussten mit einer gewaltigen Menge ohnmächtiger Wut und dem Bewusstsein einer ungerechten Behandlung fertig werden, *ohne* zu wissen, wohin sie sich wenden konnten, sie standen vor dem Ende, dem »Tod« ihrer ganzen bisherigen Lebensweise und manchmal vor dem Ende ihrer ganzen Existenz. Es gab viele, die entweder den Verdacht einer tödlichen Krankheit oder bereits die Diagnose hatten und damit zurechtkommen mussten. Es gab Eltern, deren Kinder vermisst waren oder im Sterben lagen. Es gab eine große Anzahl, die ihre Kinder unter äußerst schmerzlichen Umständen verloren hatten – durch einen plötzlichen, unvorhergesehenen Tod, durch Unfälle, einen brutalen Mord oder durch eine lange, kräfteverzehrende Krankheit mit tödlichem Ausgang, die von Rückfällen und Besserungen, von Hoffnung und Verzweiflung gekennzeichnet war. Es gab außerdem viele, deren Kinder, deren Vater, Mutter, Bruder oder Schwester Selbstmord verübt hatte.

Bei der Vorstellung erfuhr die Gruppe nur die oberflächlichsten Gründe, warum die einzelnen gekommen waren. Alle saßen im Kreis, oft auf einem Kassen auf dem Boden, die Älteren, Kranken oder Behinderten auf Stühlen am äußeren Rand des Kreises. Die allgemeine Stimmung der Gruppe war von Sorge, Vorsicht, Angst und einer gewissen Skepsis geprägt, wie in aller Welt wir mit einer »so großen Menge« von Leuten etwas Sinnvolles anfangen könnten.

Die erste emotionale Aussprache ereignete sich gewöhnlich nicht später als vierundzwanzig Stunden nach der Ankunft. Meistens geschah es am Ende des ersten Abends, am Montag. Dann hörten Krebspatienten geduldig fünfzig oder sechzig Berichte von liebevollen, teilnehmenden, wunderbaren Angehörigen der helfenden Berufe an, die erklärten, dass sie einfach deshalb gekommen seien, um »eine bessere Krankenschwester«, »ein besserer Arzt«, »ein besserer Pfarrer« zu werden. Sie klangen so überaus teilnehmend und liebevoll, dass alle negativen Erfahrungen der Patienten mit Vertretern des Gesundheitswesens an die Oberfläche kamen und sie »die Blase zum Platzen brachten« und ein für allemal das negative Bild zerstörten, das viele andere im Raum bezüglich Angehörigen der helfenden Berufe jahrelang mit sich herumgetragen hatten.

Sie platzten mitten in eine andere »liebenswürdige Vorstellung« hinein und begannen, ihrem Schmerz, ihren Enttäuschungen, ihren Zurücksetzungen und Erfahrungen mit Leuten Ausdruck zu geben, die nur so tun als ob, die keine Zeit haben zuzuhören, die zu beschäftigt sind, um Anteil zu nehmen. Und bevor jeder sich vorgestellt hatte, waren wir mitten im Nachvollzug von oder wenigstens Teilnahme an lebenswirklichen Situationen von Menschen, die das Mitgefühl, das ihnen bei der formellen Vorstellung präsentiert wurde, nicht nachempfinden konnten.

Wenn wir einmal einen solchen Katalysator hatten (zu 95 Prozent war es ein Patient oder jemand, der ein Kind verloren hatte), lief der Prozess ohne äußerliche Stimulation, auch ohne das Bedürfnis nach Steuerung oder nach einem Leiter ab. Sie teilten einander bei einer Tasse Kaffee oder schweigend ihre jeweiligen Erfahrungen und ihren Schmerz mit.

Spätestens am Dienstag morgen, noch häufiger am Montag abend, gab ich allen Teilnehmern ein Blatt Papier und eine Schachtel Buntstifte und forderte sie auf, ein Bild zu malen. Das sollte innerhalb von zehn Minuten geschehen, weil ich sichergehen wollte, dass sie so spontan wie möglich malten und keine Zeit hatten, darüber nachzudenken, wie sie sich darstellen wollten, oder sich als Künstler zu produzieren oder ein Bild von Liebe und Frieden vorzutäuschen, während sie in Wahrheit das Gefühl hatten, ein Vulkan zu sein. Ungefähr ein Dutzend Bilder wurden gewöhnlich »gelesen« und interpretiert, um der Gruppe zu zeigen, dass man, ohne ein Individuum zu kennen, eine ganze Menge über diese Person in Erfahrung bringen kann. Den Urhebern stand es dann natürlich frei, sich vor der Gruppe so offen, wie sie wollten, darüber auszusprechen, ob die Interpretation richtig war, und auf die Einzelheiten des Konflikts, der sich in ihren Bildern manifestierte, näher einzugehen.

Susan Bach, eine Londoner Psychoanalytikerin der Jungschen Schule, setzte diese Technik erstmals in einem Krankenhaus in Zürich ein, in dem sie vom Beginn der fünfziger Jahre an über ein Jahrzehnt gearbeitet hatte. Gemeinsam mit Weber, einem Maler, der viel mit Bändern arbeitete, die einen Gehirntumor hatten, stellte sie fest, dass die spontanen Zeichnungen der Patienten auch dann ein Bewusstsein der Krankheit, ihres Fortschritts oder ihrer Regression offenbarten, wenn die Kinder zu klein waren, um ihre Lage mit dem Verstand zu erfassen. In einer wissenschaftlichen Zeitschrift veröffentlichte sie den Aufsatz »Spontanes Malen und Zeichnen im neurochirurgischen Bereich«, der eine Beschreibung ihrer Entdeckungen sowie ihrer Methode, dieses vorbewusste Material herauszubringen, enthält. Wir verwenden diese Methode beinahe täglich als ein einfaches und verlässliches sowie stets verfügbares und billiges Mittel, um Menschen kennenzulernen und einen Hinweis auf den Ernst ihrer oft verborgenen und tiefsitzenden Probleme zu bekommen.

Während dieser ersten Jahre meiner einwöchigen Workshops begann meine Arbeit sich von sterbenden Erwachsenen fast ausschließlich auf sterbende Kinder zu verlagern. Ich entwickelte ein verstärktes Interesse und Verständnis für das tiefe Wissen, die Weisheit und die besondere Ausdrucksweise sterbender Kinder. Ich bediente mich immer mehr Susan Bachs Methode der spontanen Kinderzeichnungen, um herauszufinden, »wo sie stehen«. Ihre Interpretationen von Zeichnungen todkranker Patienten übten einen großen Einfluss auf meine Arbeit aus und trugen zu meinem Verständnis der Psyche todkranker Kinder mehr bei als irgendeine andere Publikation.

Mir wurde immer deutlicher, dass diese spontanen, von Kindern und von Erwachsenen gemalten Bilder dasselbe Material enthüllten wie die Träume dieser Patienten. Ihre Bilder offenbaren nicht nur die bewusste Kenntnis ihres bevorstehenden Todes, sondern auch die vorbewusste Wahrnehmung ihres Schicksals. Sie zeigen außerdem ihre verborgenen Schmerzen und Konflikte und ihre oft tief sitzenden Ängste.

Da ich mit sehr vielen todkranken Patienten im ganzen Land, meistens zwischen Flügen oder Vorträgen, arbeite, habe ich sehr wenig Zeit, nur ein Bild von den spezifischen Bedürfnissen meiner auswärtigen Patienten zu machen. Der Einsatz dieses Mittels erlaubt es mir, innerhalb von Minuten auf den Grund ihres Schmerzes, ihrer Ängste und ihres Bewusstseins vorzustoßen, ohne dass ich die langwierige und zeitraubende psychiatrische Auswertung von Krankengeschichten brauche.

Ich habe mit Hunderten von sterbenden Kindern gearbeitet und habe nicht einen Fall erlebt, bei dem diese Methode nicht viel bedeutsames Material offenbart hätte – ein Material, das mir half, ihnen innerhalb sehr kurzer Zeit zu helfen und das Wesen ihrer Konflikte zu erfassen. Ich sah keinen Grund, warum diese Methode nicht auch auf »Gesunde« anzuwenden war, und so benützte ich meine Workshops wieder für ein Experiment, weil ich herausfinden wollte, ob diese Methode der Interpretation von spontanen Zeichnungen auch von Psychologen und Seelsorgern angewandt werden konnte. Es könnte ein Werkzeug werden, das die Verkrustungen der Abwehr, die so viele Therapiestunden benötigen, bevor eine entscheidende Veränderung stattfinden kann, mit einem Schnitt durchtrennt.

Der Prozess funktionierte glänzend in den Workshops. Es war eine sehr bewegende Erfahrung für mich zu sehen, wie viele Menschen in weniger als vierundzwanzig Stunden des Zusammenseins bereit sind, ihre Seele zu entblößen, über ihren Schmerz zu sprechen, der sich in ihren Bildern spiegelte, und einige der tief verwurzelten, echten Gründe für ihre Teilnahme an einem Workshop zu bestätigen.

Viele von denen, die von unserem »Lesen« ihrer Bilder am Anfang des Workshops am meisten beeindruckt waren, und insbesondere diejenigen, die während der Woche ungeheure Fortschritte machten, schenken uns am Ende der Woche noch ein spontanes Bild, das deutlich den enormen Wachstumsprozess zeigt, der sich innerhalb einer so kurzen Zeit vollzieht.

Nach dem ersten Tag der intellektuellen Aussprache und persönlichen Vorstellung und nach zwei Tagen emotioneller Erfahrungen beginnt die Gruppe eine ungeheure Aufwallung von Gefühlen der Liebe, des Mitgefühls und Verständnisses zu spüren, wie sie diese noch nie erlebt oder empfunden hat.

Ein verurteilter, eben entlassener Mörder wurde von verschiedenen Frauen eingeladen, einige Zeit bei ihnen zu Hause mit ihren Familien zu verbringen, um ihm zu helfen, sich wieder an die Außenwelt zu gewöhnen. Er reagierte mit Ehrfurcht und Unglauben und sagte: »Aber haben Sie nicht gehört, dass ich meinen Vater umgebracht habe?« Doch, sie hatten es gehört. Aber sie hatten auch seine Vorgeschichte von Kindesmisshandlung, von konstanten sadistischen Quälereien seiner Geschwister, von wiederholtem sexuellem Missbrauch seiner Schwester und von der flehenden, verzweifelten und verängstigten Mutter gehört, die von den Sozialbehörden keine Hilfe bekam und ihre Kinder nicht beschützen konnte. Ja, sie hatten gehört, dass ein Richter ihn des Totschlags für schuldig befand, dass er die besten Jahre seines Lebens im Zuchthaus verbracht hatte und dass niemand sich der Lehre Jesu Christi erinnerte, der Verständnis und Vergebung gepredigt hatte. Ja, sie wollten ihn gerne mit nach Hause nehmen.

Eine ältere Nonne, die mit Schuldbewusstsein und der Furcht vor Verdammnis aufgewachsen war, hatte den Mut, ihr tief verletztes Gerechtigkeitsgefühl und ihre

Wut über die Behandlung durch eine Äbtissin zum Ausdruck zu bringen, und schickte ihrer Arbeit im Workshop ein ernsthaftes Gebet an Jesus Christus voraus, dass er ihr erlauben möge, zu fluchen und ihre Gefühle auszudrücken, damit sie besser dienen und ihre angestaute Bitterkeit und Negativität loswerden konnte. Ihr Gebet am Ende war so unbeschreiblich ergreifend, dass sechs andere Nonnen und zwei Priester ihr augenblicklich folgten, indem sie offen und ehrlich ihre eigenen unerledigten Dinge mitteilten. Dazu gehörten Inzest, Homosexualität, Verletzung des Beichtgeheimnisses und physische Begierden, die denen untersagt sind, die ihr Leben dem geistlichen Beruf weihen.

Zu diesem Zeitpunkt ist die Externalisierung abgeschlossen, und die ganze Gruppe erfasst ein Gefühl tiefer Dankbarkeit. Es ist der Dank für das Geschenk der Aussprache und der Ehrlichkeit, die als Katalysator oder Auslöser funktioniert, der andere zu ihren lang verdrängten unerledigten Angelegenheiten in Beziehung bringt. Und wenn jeder vielleicht nur eine einzige Geschichte aus seinem Leben mitteilt, berührt er achtzig andere, und so beginnt ein Welleneffekt, der immer mehr Kreise zieht.

Am Donnerstagmorgen erzähle ich nach unserem üblichen Singen und Schweigen (das wir von den Andachten der Quäker übernommen haben) von meiner eigenen Entwicklung, die Derek Gill in meiner Biographie weitgehend geschildert hat. Ich erzähle, wie ich als Drilling ohne individuelle Identität aufgewachsen bin, und stelle dies als eine Gnade und einen Segen dar, weil es mich lehrte, andere mit ähnlichen Problemen zu verstehen. Wir sprechen über unser physisches und geistiges Schicksal, über die freie Wahl des Menschen. Wir lesen der Gruppe den Brief eines neunjährigen Jungen namens Dougy vor, in dem er die Fragen stellt: »Was ist das Leben, was ist der Tod, und warum müssen kleine Kinder sterben?« Wir berichten von meiner Antwort, die jetzt als »Brief an Dougy«* Tausende von Menschen auf der ganzen Welt erreicht hat.

Wir berichten von unseren persönlichen Erfahrungen mit Menschen, die »klinisch tot« waren, und von sterbenden Kindern und deren bewusster Kommunikation mit geliebten Menschen unmittelbar vor ihrem Tod, und natürlich erzähle ich von meinen unbegreiflichen, mein Leben verwandelnden mystischen Erlebnissen.

Wir beenden den Donnerstag, indem wir alle universalen Gesetze aufzählen, die sich mit den Lehren Christi decken und in den Lehren aller großen Weltreligionen enthalten sind: bei den Moslems, den Christen, den Juden, den Hindus, den Sufis und anderen. Dann können die Menschen beginnen, die Ereignisse in ihrem eigenen Leben auszuwerten und die sogenannten Zufälle zu verstehen, die wir »göttliche Eingriffe« nennen; sie werden

* Als »Ein Brief an ein Kind mit Krebs« enthalten in: *Kinder und Tod*, nach S. 232, farbig, mit kindgerechten Illustrationen von EKR.

offener und mehr dessen bewusst, dass wir unser Schicksal in der Hand haben, wenn wir die persönliche Verantwortung für die Taten, Worte und Gedanken übernehmen, die wir in freier Wahl vollziehen.

Am Ende wird unser Leben den Wert haben, der unmittelbar aus jeder Entscheidung erfolgt, die wir getroffen haben. Hilfe wird uns nur dann zuteil, wenn wir alle unsere Möglichkeiten ausgeschöpft haben.

Wir alle sind Kinder des einen Gottes. Wir sind alle auf der Erde, um zu wachsen und unser Schicksal zu erfüllen, und wenn wir unsere Lektionen gelernt haben, bestehen wir die Prüfung. Wir müssen lernen zu verstehen, anstatt zu verurteilen, zu geben und zu empfangen, zu lieben, ohne etwas dafür zu erwarten, und das zu praktizieren, was Khalil Gibran mit den Worten *»Work is love made visible«* (Arbeit ist sichtbar gemachte Liebe) so schön ausdrückt.

Viele von denen, die sich zu einem Workshop anmelden (insbesondere die Vertreter der helfenden Berufe: Ärzte, Krankenschwestern, Priester und Seelsorger, Sozialarbeiter und Therapeuten), erwarten einen einwöchigen didaktischen Lehrgang und Vorträge, die eventuell die Gelegenheit bieten, Fragen zu stellen und Erfahrungen auszutauschen. Sie kommen mit Tonbandgeräten, Notizbüchern und Bleistiften bewaffnet an.

Wenn der Workshop vorbei ist, kommen viele dieser Teilnehmer zu uns und sagen: »Das ist überhaupt nicht das, was ich erwartet hatte.« Dann erklären durchweg alle, dass der Workshop viel sinnvoller, wertvoller und als Erfahrung relevanter war als alles, was wir ihnen, auf einem Podium und vor einer Tafel stehend, in Referaten hätten bieten können.

Wir haben diejenigen, die Kranke und Sterbende pflegen, immer darauf aufmerksam gemacht, dass sie lernen müssen, aus ihrer beruflichen Rolle herauszutreten und sich als Menschen um die Patienten zu bemühen. Doch dazu müssen wir »heil« oder ein »Ganzes« sein, oder wie immer wir es nennen wollen. Damit meine ich, dass wir unsere eigenen unerledigten Dinge so gut wie möglich bewältigt haben sollen. Wir müssen uns mit den vielen Arten von Tod auseinandergesetzt haben – den »kleinen«, die uns täglich widerfahren, und den großen, die wichtige Übergänge in unserem Leben bedeuten –, die die Landschaft unserer eigenen Lebensreise prägen, sonst können wir einem anderen Menschen nie wirklich in vollem Umfang helfen. Der Grund dafür ist einfach: Die Arbeit wäre eine zu große Bedrohung. Wir werden zu sehr in Mitleidenschaft gezogen, wenn diese ganz persönlichen Probleme nicht gelöst sind. Es wundert mich nicht im geringsten, dass die Selbstmordrate bei Psychiatern höher ist als bei irgendeiner anderen Gruppe von Menschen. Es gibt Leute, die einen ehrlichen und ganz echten Versuch machen, andere zu heilen, ohne sich vorerst selbst geheilt zu haben.

Daher stoßen wir einige Teilnehmer am Anfang der echten »Arbeits«sitzungen vor den Kopf, wenn sie sehen, welcher Instrumente wir uns bedienen – einer Matratze, eines Gummischlauchs und alter Telefonbücher, die zum Zerreißen da sind. Sie sind manchmal befremdet, wenn die Arbeit beginnt und wenn eine Person nach der anderen spontan nach vorne kommt und anfängt, mit dem Schlauch auf die Matte zu dreschen, oder das Telefonbuch zerfetzt, wenn die Leute ihre angestaute Wut und Schuldgefühle, ihre Angst und ihren Schmerz herauslassen. In dieser geschützten Umgebung dürfen sie ihren Schmerz hinausbrüllen, ihren Zorn äußern, sich selbst oder die Götter oder jeden anderen beschimpfen, der es ihrer Meinung nach verdient hat. Und indem sie ihre Emotionen auf diese Weise hinausschreien, werden sie aus ihrer Gefangenschaft befreit.

Die vor den Kopf Gestoßenen – die ein nettes, sauberes Fortbildungsseminar über den Umgang mit dem Problem des Todes und Sterbens erwartet hatten – merken bald, dass ihre eigenen Emotionen hochkommen. Es ist, als befänden sie sich in einer Notaufnahme oder auf einer Intensivstation, wo sie dem Schmerz, der Trauer und dem inneren Aufruhr anderer ausgesetzt und davon berührt wären.

In unserem Rahmen können sie die Maske abnehmen und zugeben, dass auch sie diese Schmerzen, Ängste, Schuldgefühle und diesen Zorn haben. Und dann können sie endlich beginnen, loszulassen. Dann brauchen sie sich von den Menschen, die Schmerzen leiden, nicht mehr abzukapseln.

Aber der Workshop ist mehr als nur ein Prozess der Externalisierung und des Austreibens von negativen Emotionen. Die größere Botschaft ist dieselbe wie die Lehre, die wir aus unserer persönlichen Arbeit mit so vielen Sterbenden gewonnen haben. Es ist die Botschaft, wie wir leben, wie wir sterben und wie wir anderen helfen können zu sterben. Erst wenn man keine Angst mehr hat zu leben, wird man auch vor dem Sterben keine Angst mehr haben. Erst wenn man sein *eigenes* Leben voll gelebt hat, kann man anderen helfen, dasselbe zu tun und damit dem Augenblick *ihres* Todes ins Auge zu sehen.

Aus: *Befreiung aus der Angst*, S. 72–79, 158–160, 171 f.

Arbeit mit Aids-Kranken

Als die Immunschwäche Aids Mitte der achtziger Jahre des vergangenen Jahrhunderts zur Epidemie wurde, löste sie in den USA eine sozialpolitische Katastrophe aus. In einem Land ohne ausreichendes soziales Netz hatten Aids-Kranke oft keine medizinische Versorgung und waren zusätzlich zu ihrer sozialen Ausgrenzung dem nackten Elend preisgegeben.

Seit dem Auftreten der Epidemie hatte EKR sich bemüht, Aids-Kranken zu helfen. Sie besuchte sie in Strafanstalten, wo das Elend besonders groß war, nahm sie in ihre Workshops auf und trug zur Aufklärung der Öffentlichkeit über diese neue Herausforderung bei. Vor allem versuchte sie, der sozialen Ächtung der Aids-Kranken als Zugehörige zum Homosexuellen- und Drogenmilieu entgegenzuwirken.

Als zunehmend auch junge Frauen betroffen waren und infizierte Babys hinterließen, wollte EKR auf ihrer Farm in West-Virginia ein Hospiz für diese Waisen gründen. In einer aus Ignoranz und bornierten Vorurteilen geborenen Hetzkampagne wurde dieses Vorhaben von ihren Nachbarn vereitelt. Das geplante Aids-Zentrum konnte nicht errichtet werden. Es gelang EKR schließlich, für über hundert kranke Kinder Adoptiveltern zu finden, aber die Feindseligkeiten nahmen kein Ende. Sie gipfelten in der Brandstiftung, die das Wohnhaus von EKR mit ihrer gesamten Habe, ihren

Aufzeichnungen und Forschungsunterlagen, ihrem Bildarchiv, ihren Kunstsammlungen und persönlichen Erinnerungen 1994 in Schutt und Asche legte.

Über ihre Erfahrungen mit der Betreuung von Aids-Patienten, über das soziale Elend der Betroffenen, aber auch über die Welle von Hilfsbereitschaft und Nächstenliebe, die in dieser Krise entstand, berichtet EKR in ihrem Buch Aids – Herausforderung zur Menschlichkeit.

Dass dieses informative und engagierte Buch verhältnismäßig wenig Echo im deutschsprachigen Raum fand, dürfte nicht zuletzt auf die diffamierende Kritik zurückgehen, die Der Spiegel *(Nr. 48/1987) noch vor dem Erscheinen des Buches veröffentlichte. Der Leserbrief der Übersetzerin (Susanne Schaup), der gegen die Textverdrehungen und böswilligen Unterstellungen aus der Feder des deutschen Journalisten Tilman Jens protestierte, wurde von der Spiegel-Redaktion ignoriert. Darin ist wohl ein Zeichen zu sehen, dass die Arbeit von EKR, die so viele heiße Eisen anfasste, auch hierzulande missverstanden und verleumdet wurde. Als Wegbereiterin einer neuen Auffassung von Tod und Sterben hatte EKR sich auch hier, wie in den USA, nicht nur Freunde gemacht.*

Ein weiterer Grund, warum dieses wichtige und mutige Buch bei deutschen Lesern weniger Anklang fand als die übrigen Bücher von EKR, ist vielleicht auch in dem Umstand zu sehen, dass die Aids-Epidemie Europa nicht so unvorbereitet traf wie die USA. Ein funktionierendes soziales Netz, die rasche Einrichtung von Aids-Beratungsstellen an Kran-

kenhäusern und die Organisation von Selbsthilfegruppen konnte die Not der Betroffenen auffangen. Man hatte aus den in den USA gemachten Erfahrungen einiges gelernt. EKR war eine der ersten, die sich für eine psychotherapeutische Begleitung, von Aids-Kranken einsetzten. Dass sie in der inzwischen weltweit verbreiteten Immunerkrankung nicht nur eine Gottesgeißel, sondern eine Gelegenheit sah, bedingungslose Liebe zu üben und bewusst Verantwortung für das eigene Leben zu übernehmen, wurde von manchen als Glorifizierung eines qualvollen, noch dazu mit einem sozialen Stigma behafteten Sterbens missdeutet Aids ist nicht nur eine Katastrophe, sondern eine Herausforderung zur Menschlichkeit.

Der Beginn meiner Arbeit mit Aids-Patienten setzte schon am Anfang der Epidemie ein, und zwar völlig ungeplant und spontan wie meine ganze Arbeit in den vergangenen zwei Jahrzehnten. Anfang der achtziger Jahre wussten wir noch sehr wenig über diese merkwürdige Krankheit. Wir hörten lediglich – vor allem von der Bevölkerungsgruppe der Homosexuellen an der Westküste –, dass es täglich neue Fälle gab und dass viele dieser jungen Männer sehr schnell starben. Von homosexuellen Frauen, die sich die Krankheit zugezogen hatten, wurde nichts berichtet. Niemand wusste über die Übertragungsweise Bescheid. Die Öffentlichkeit war eben erst durch die ersten auftauchenden Nachrichten in Funk und Fernsehen aufgeschreckt worden, empfand aber keine wirkliche Bedrohung, weil es etwas war, »das die anderen betraf«, mit denen sie ohnehin sehr wenig verband, wie einer meiner früheren Nachbarn in Kalifornien es ausdrückte.

Anfang 1981 bekam ich einmal einen Anruf in meinem Büro, und ein Unbekannter fragte schüchtern an, ob ich einen Aids-Kranken in einen meiner fünftägigen Workshops aufnehmen würde. Er schien an meiner bejahenden Antwort ernsthaft zu zweifeln. »Aber sicher«, sagte ich, »wir haben nie irgend jemanden ausgeschlossen, und *alle* Kranken sind uns immer willkommen gewesen.« Wir betrachteten diese Workshops als ihre letzte Chance, »ihr Haus zu bestellen«, ihre unerledigten Dinge in Ordnung zu bringen und Frieden mit den Menschen zu schließen, mit denen sie noch zerstritten waren. Wir waren außerdem stolz darauf, wie gut unsere Schmerzbehandlung für Sterbende aufgenommen wurde, und hielten uns zugute, dass unsere Krebspatienten meist bei vollem Bewusstsein und in Frieden sterben, in den meisten Fällen zu Hause und nicht in einer Institution. Nachdem ich aufgelegt hatte, fing ich an nachzudenken, was geschehen würde, wenn die anderen hundert Teilnehmer an meinem Workshop mit meiner Entscheidung nicht einverstanden wären und einfach weggingen. Wenn sie sich weigern würden, mit ihm zu reden oder am selben Tisch mit ihm zu essen. Es gab unzählige Fragen. Benötigten wir für seine Mahlzeiten besonderes Besteck, oder stand bereits fest, dass die Krankheit nicht ansteckend war? Sollten wir das Haus, in dem der Workshop stattfinden sollte, benachrichtigen, um eine separate Garnitur Bettwäsche bereitstellen und seine Wäsche von den anderen trennen zu lassen? Es gab so viele Dinge zu überlegen, und wir hatten nur noch wenig Zeit. Ich war jedoch froh über die Initiative des Patienten. Er war offensichtlich hoch motiviert und würde sicherlich bei den anderen Teilnehmern, die von seiner Anwesenheit nur lernen konnten, vieles auslösen.

An einem Montag fanden sich alle hundertundein Teilnehmer zu Mittag an unserem Tagungsort ein. Wir nahmen unsere erste gemeinsame Mahlzeit ein, damit wir uns langsam kennen lernen konnten. Da ich kein Gedächtnis für Namen habe, gab ich nicht sonderlich Acht, als Bob sich mir vorstellte. Ich brachte ihn nicht mit der Person in Verbindung, mit der ich vorher telefoniert hatte. Doch sein Gesicht machte einen schockierenden und für mich unerwarteten Eindruck auf mich. Seine Nase war riesengroß und purpurrot. Sein Gesicht, sein Hals und seine Arme waren mit bläulichroten Flecken bedeckt, die in den folgenden Jahren ein Synonym wurden für das Kaposi-Sarkom, eines der am meisten gefürchteten bösartigen Symptome, die am häufigsten in Verbindung mit AIDS auftreten. Seine äußere Erscheinung war zunächst fast abstoßend. Als Ärztin war ich jedoch an viele schreckliche Anblicke gewöhnt, sowohl von meiner Arbeit in der Dermatologischen Klinik in Zürich her, mit geschlechtskranken Patienten (als es noch kein Penicillin gab), als auch später in Notfallambulanzen. Ich konnte jedoch nicht umhin, die Gesichter der weniger indoktrinierten Workshop-Teilnehmer zu beobachten, die höchstwahrscheinlich noch nie mit einer solchen Person zusammen gewesen waren.

Was in den nächsten paar Tagen geschah, war nicht nur eine unglaubliche Lektion des inneren Wachsens für mich, sondern bereitete das Klima für alle unsere künftigen Workshops in den USA, in Europa, Kanada, Neuseeland und Australien. Am Dienstagabend, nachdem unser Aids-Patient an jeder unserer Mahlzeiten neben mir sitzend teilgenommen hatte, bemerkte ich, wie ich in mein Gebet die Bitte einschloss »Lieber Gott, lass mich eine einzige Mahlzeit in appetitlicherer Umgebung einnehmen!« Im nächsten Moment erschrak ich. Habe ich, Elisabeth, das wirklich in einem Gebet zu unserem Herrn gesagt, der bekanntlich mit Aussätzigen Umgang hatte und der uns allen ein Beispiel geben wollte, miteinander zu teilen, uns gegenseitig zu lieben und zu heilen? Nie im Leben ist es mir so schwer gefallen, mit meinen Gefühlen des Ekels, mit meinen Scham- und Schuldgefühlen in Berührung zu kommen wie an diesem Abend! Gott sei Dank waren meine Mitarbeiter da, als mein physischer Körper der Anforderung, fünf Tage und fünf Nächte für einhundertundeinen Menschen da zu sein, nicht mehr gewachsen war.

Als Bob sich etwas wohler fühlte und uns den Albtraum mitteilte, wie er als Siebenundzwanzigjähriger von

Woche zu Woche kränker wurde, ohne die Ursache all dieser Infektionen zu kennen, saßen alle still und hörten ihm zu. In einer Zeitschrift für Homosexuelle las er eine Todesanzeige, und da schlug es bei ihm wie der Blitz ein, dass auch er ein Opfer dieser bis dahin unbekannten Seuche sein könnte. Seine Krankheit verschlimmerte sich ungewöhnlich schnell, aber glücklicherweise hatte er einen Freund, der für ihn einkaufen ging. Er kaufte nicht nur die täglichen Lebensmittel ein, sondern sah sich auch nach Informationen um. Eine Broschüre nach der anderen gelangte auf seinen Tisch, dazu kamen sämtliche Zeitungsnachrichten – zu einer Zeit, als die Nachrichtenmedien diese neue Krankheit als »heißes Eisen« betrachteten. Er stürzte vom Schock in das Nichtwahrhabenwollen, von Zorn und Wut in das Verhandeln mit Gott. Es gab Tage, an denen er so deprimiert war, dass er weder essen noch schlafen konnte. Die Entzündungen in seinem Mund- und Rachenraum steigerten sein Unwohlsein. Er sah in seiner Unfähigkeit zu schlucken die Ursache seines bemerkenswerten Gewichtsverlusts. Er scheute sich, seine Familie zu besuchen, aus Angst vor ihrer Reaktion, und begann, sich völlig zu isolieren.

Was ihm einmal Freude gemacht hatte, wurde jetzt zu einer traurigen Erinnerung an das »Leben vorher«. Er erinnerte sich, wie einmal seine Mutter von einem anderen Bundesstaat anrief und noch vor der Begrüßung in einer beinahe anklagenden Weise fragte: »Du bist doch nicht etwa schwul, oder?« Später erinnerte er sich, dass er dankbar war für ihre Initiative. Er stieß hervor: »Doch, Mama, ich bin schwul.« Es wurde nichts mehr gesagt, und er wusste, dass sie aufgrund all der Zeitungsinformationen den Verdacht haben könnte, dass ihr Sohn möglicherweise diese gefürchtete Krankheit hatte. Dann fing Bob wie ein kleines Kind zu weinen an. Er hielt sein Kissen in den Armen, schluchzte hinein und wiederholte immer wieder: »Es tut mir so leid, Mama, es tut mir so leid.«

Nur wenige Augen blieben trocken im Raum. Zwei andere Mütter, die vermuteten, dass ihre Söhne homosexuell und mögliche AIDS-Kandidaten waren, weinten offen. Beide verließen den Workshop mit mehr Verständnis und Mitgefühl. Sie besuchten beide ihre Söhne und erzählten von ihrer Erfahrung mit dem Workshop und konnten später ihren Söhnen großartige Hilfe leisten, als sich herausstellte, dass sie wirklich AIDS hatten.

Bob konnte sich noch in vielen weiteren Sitzungen mitteilen, sowohl in dem großen Raum als auch in einem intimeren, separaten Zimmer, und mit sich ins Reine kommen. Sogar die Pfarrer, die oft zum Urteilen und Verurteilen über andere neigten, hatten Tränen in den Augen, gingen auf ihn zu und umarmten ihn fest. Das Eis war gebrochen. An die Stelle von Verurteilung und noch mehr Schuldgefühlen traten wahres Verständnis und Erbarmen. Es erstaunte mich nicht, als alle hundertundein Menschen Bob am Ende der Abendsitzung mit ihren Armen aufhoben, ihn sanft wiegten und sangen: »I'll be loving you always.«

Für meine Person dankte ich Gott an diesem Abend dafür, dass er nur die Intuition gegeben hatte, eine spontane Entscheidung aus meinem spirituellen Quadranten und nicht aus meinem Kopf zu treffen. Hätte ich von meinem Verstand her beschlossen, ihn zurückzuweisen, hätte ich vielleicht noch zugewartet, und es wäre möglicherweise für Bob und viele andere, die nach ihm kamen, zu spät gewesen. In dem Augenblick, als ich ihn als leidenden Menschen von unglaublicher innerer Schönheit und Aufrichtigkeit sehen konnte, machte es mir nichts mehr aus, mit ihm zu essen oder ihn zu umarmen. Und die Gruppe folgte, wie das so oft der Fall ist, der leitenden Person und machte es auch so. Es war eine tiefe, wenn auch schmerzhafte Erinnerung, die sich in den folgenden Jahren noch sehr auswirkte.

Als Bob starb, war er nicht nur von seiner Familie umgeben, sondern auch von vielen seiner neuen Freunde, die er während des Workshops gewonnen hatte. Er trug einen meiner gestrickten Schals, die in unseren Workshops jetzt eine so wichtige Rolle spielen. Da wir eine wachsende Zahl von Kranken hatten (Patienten mit Krebs, multipler Sklerose, Lupus, AIDS), die unsere fünftägigen Workshops nicht bezahlen konnten, begann ich während der langwierigen Flüge von einem Kontinent zum anderen Schals zu stricken. Keiner gleicht dem anderen, und ihre Farben haben natürlich eine große Bedeutung. Am Ende unserer gemeinsamen fünf Tage veranstalten wir eine Tombola mit einer Versteigerung, und einige sehr reiche Leute zahlen horrende Summen für diese Schals mit dem Etikett »Handgestrickt von EKR«. Dieser Schatz wurde in vielen Fällen einem Kranken weitergegeben, der ihn in seiner Todesstunde trug und oft einen Zettel hinterließ mit der Bitte, ihn einem anderen Kranken weiterzugeben. Diese Schals haben alle unsere bedürftigen Patienten in den vergangenen acht Jahren finanziert, und wir mussten nie einen mittellosen Patienten abweisen, weil wir diesen »Stipendienfonds« haben, wie wir ihn liebevoll nennen.

EKR nahm öfters Briefe in ihre Bücher auf; Briefe, die sie an Patienten oder Workshopteilnehmer schrieb oder auch an sie selbst gerichtete von Menschen, deren Leben sie durch ihr Wirken berührt hatte. Wie der berühmte »Brief an ein Kind mit Krebs«, auch »Dougy-Letter« genannt (enthalten in Kinder und Tod*), ist der folgende Brief an einen Sterbenden gerichtet, in diesem Fall an einen Aids-Kranken. Auch dieser Brief zeigt, wie tief EKR sich in die existentielle Not eines Menschen hineinzuversetzen vermag.*

Lieber Edward,

seit ich Dich zum letzten Mal im Krankenhaus besuchte, habe ich das dringende Bedürfnis, Dir einen langen Brief zu schreiben und auf viele Dinge zurückzukommen, über die wir gesprochen haben.

Vor allem muss ich Dir sagen, wie berührt ich bin von Deinem Leiden, und Du sollst wissen, dass ich die Art, wie Du mit Deinem Kampf gegen AIDS fertig wirst, zutiefst bewundere ...

Ich bin überwältigt, wenn ich an Deinen Weg denke, Edward. Wir beide wissen, wenn Dein Kampf gegen die Krankheit auch noch so tapfer ist, der Schmerz ist dennoch einer der furchtbarsten, den ein Mensch erleben kann. Zuerst kam das Bewusstsein, dass Du sexuell anders bist als Deine Familie und die Leute, mit denen Du aufgewachsen bist. Die Jahre, bevor Du Dich zu Deiner sexuellen Identität als endgültiger Tatsache bekanntest, müssen Jahre intensiver Einsamkeit und unaussprechlicher Verwirrung gewesen sein. Wir alle sehnen uns nach Zugehörigkeit, aber Deine Zugehörigkeit unterstand dem Urteil der Mehrheit. Am Anfang musst Du das Gefühl gehabt haben, als wärst Du umgeben von einem eisigen Ring der Vereinsamung. Gott sei Dank hast Du Dir mit der Zeit den inneren Frieden erkämpft, und Gott sei Dank hast Du einen großen Freundeskreis, in dem Du während der vergangenen zehn Jahre verkehren konntest.

Keiner von uns ist so einzigartig,
als dass er von den Bedingungen des Menschseins
ausgenommen wäre.

Dass Du jetzt AIDS hast, muss für Dich eine Wiederholung dieser frühen Jahre sein. Wiederum bist Du mit einem Stigma behaftet, das Dich aussondert. Nur bringt das Stigma dieses Mal die furchtbare Last der Panik unserer Gesellschaft und der Phobie gegen diese Krankheit mit sich. Nicht nur wirst Du wegen Deiner sexuellen Neigung nicht akzeptiert, sondern Du wirst auch als Träger des Todes gefürchtet! Dennoch gelingt es Dir, eine konsequente Haltung der Barmherzigkeit und des Verstehens aufrechtzuerhalten. Ich erinnere mich, dass ich bei Dir war, als Du ein paar notwendige Einkäufe in einem Lebensmittelgeschäft machtest. Deine Erscheinung entspricht dem Bild, das viele von uns von einem Aids-Kranken haben, und die Leute argwöhnen Deinen Zustand auf den ersten Blick. Du hast diese feindseligen Blicke einfach ignoriert, als wir durch den Laden gingen, und Du hast mit mir über ein Stück geplaudert, das Du vor kurzem auf dem Broadway gesehen hast. Wie hast Du es geschafft, Dich von dem Gefühl, als Sündenbock behandelt zu werden, nicht unterkriegen zu lassen, Edward? Ich habe erlebt, wie Du zornig und von der Einstellung der Öffentlichkeit abgestoßen warst, aber es bleibt nie dabei. Du sagst oft: »Ich kann mir nicht leisten, Energie zu verschwenden durch Ärger über den Aufschrei der Öffentlichkeit.«

Was ich Dir aber eigentlich schreiben wollte, Edward, hat mit den beiden tiefsten Beziehungen Deines Lebens zu tun. Ich denke an Deine Beziehung zu Deiner Mutter und an Deine Beziehung zu Deiner Seele.

Du warst großartig in Deinem Bemühen, alles Positive zu bekräftigen, das Du in Deinem Leben finden konntest, und Du hast in einer allgemein diskreten Art auch das Verhältnis zu Deiner Mutter mit so viel Takt behandelt, trotz mancher happiger Vorfälle während dieser harten zwei Jahre. Aber unter Deinem zuvorkommenden Stil habe ich ein tiefes Bedürfnis in Dir nach der Liebe und Anerkennung Deiner Mutter gespürt, und ich habe Deinen Zorn gespürt, wenn der Rückhalt, wie Du ihn gerne gehabt hättest, ausblieb. Ich empfinde Deinen Zorn wie einen angeketteten Löwen. Edward, für Deine Gefühle kannst Du nichts. Du brauchst Dich für Deine Gefühle nicht zu entschuldigen, aber bring sie mit Deiner Mutter offen auf den Tisch! Wir alle gehen auf diejenigen los, die uns am nächsten stehen, wenn wir einen großen Schmerz haben.

Wir können die Reise unserer Seele ein für allemal selbst bestimmen.
Sie beginnt mit uns, und sie endet mit uns.

Mir ist klar, dass der konfliktreichste Aspekt Deines Lebens Deine Liebe zu Deiner Mutter ist. Ich habe ausführlich mit ihr über Deinen Zustand gesprochen, wie

Du weißt. In den vergangenen zwölf Jahren hast Du Dein Leben zum größten Teil abseits von ihr geführt. Ich bezweifle, ob sie auch nur fünf Prozent dessen kennt, was Du in dieser Zeit erlebt hast. Ich bin sicher, dass Du weißt, dass sie sich längst mit Deiner sexuellen Orientierung abgefunden hat. Das war nicht leicht für sie, und es ging auch nicht ohne großen Kummer und übermäßige Selbstanklagen ab. Trotzdem hat sie Dich niemals abgelehnt oder versucht, Dich mit Schuldgefühlen wegen Deiner Sexualität zu belasten. Es dauerte mehr als ein Jahr, bevor sie das nach Deiner Eröffnung wirklich und wahrhaft akzeptieren konnte. Manche Eltern schwuler Söhne gelangen nie dahin.

Ich bitte Dich, nur zu glauben, Edward, dass Deine Mutter Dich aus tiefstem Herzen liebt. Darauf kannst Du Dich fest verlassen. Teile ihr Deine ehrlichen Gefühle behutsam und ruhig mit. Vorwürfe haben da nichts zu suchen. Sie verderben alles. Ihr beide, Du und Deine Mutter, habt oft genug innere Kämpfe mit Eurem Wesen ausgefochten, um zu wissen, dass Emotionen ungeheuer komplex sind, wenn sie so tief gehen wie zwischen Euch beiden.

Bei manchen Besuchen bei Dir sehe ich Deinen niedrigen Energiespiegel, die ständigen Probleme mit Nahrungsmitteln und Diät, den täglichen Kampf gegen die Symptome der Krankheit, und dennoch erkenne ich darin, dass eine lang unterdrückte Rebellion gegen Deine Mutter hochkommt. Du verlangst etwas von ihr, was sie

Dir nicht geben kann. Sie sagt mir, dass sie mit unaussprechlicher Verwirrung darauf reagiert. Sie empfindet die Intensität Deiner Not, aber etwas in Deinem Gemüt hindert sie, Dir das zu geben, was Du haben möchtest. Das Resultat ist abgrundtiefer Kummer. Sie möchte Dich ihrer Liebe versichern, aber sie ist überwältigt von der Atmosphäre des Konflikts und der kaum unterdrückten Feindseligkeit.

Sie erzählt mir, dass Du ihr widersprichst, gleichgültig, was sie sagt. Deine Erfahrung hat Dir besondere Kenntnisse gegeben über Gourmet-Kochkunst, über Theater, Tanz, Kino und verschiedene VIPs in der Welt des Entertainment. Deine Mutter besitzt gar keine Erfahrungen in diesem Milieu. Daher sprichst Du natürlich über diese Bereiche mit einer Autorität, der sie nichts entgegensetzen kann. Du behandelst sie oft so, als wäre sie gleichaltrig oder sogar jünger als Du.

Wir alle geben auf diejenigen los,
die uns am nächsten stehen,
wenn wir einen großen Schmerz haben.

Es gibt eine Entscheidung, Edward, und ich bitte Dich, sie zu treffen. Wir können die Reise unserer Seele ein für allemal selbst bestimmen. Sie beginnt mit uns, und sie endet mit uns. Um Deiner Seele willen flehe ich Dich an, dieses unerledigte Geschäft mit Deiner Mutter abzuschließen. Finde einen Weg, offen und ehrlich mit ihr zu sein. Gib nicht auf, bis Eure Beziehung wieder im Lot ist. Deine Seele wird durch dieses Geschenk geheilt werden. Sonst wirst Du Dich drüben, wann immer diese Zeit kommt, in einer seelischen Zwangsjacke befinden, ohne Dich rühren zu können, gefangen in einer schmerzhaften Absonderung der Seele, bittend darum, dass die Engel Gottes Dich erlösen. Die Zeit ist etwas radikal Anderes in der jenseitigen Welt, wo wir uns mit der Wahrheit über uns selbst auseinandersetzen müssen. Primäre Beziehungen, die hier unerledigt blieben, führen drüben zu den ernstesten Konsequenzen.

Du fragst vielleicht, was ich mit dem Bilden der Seele meine. Es dreht sich alles um unser Sein. Tun, Glauben, Denken, Fühlen, Wollen sind nur Facetten unseres Seins. Während ich über dieses große Mysterium schreibe, erkenne ich, dass ich nicht nur über die Pilgerfahrt Deiner Seele schreibe, sondern auch über meine eigene. Es ist immer so. Keiner von uns ist so einzigartig, als dass er von den Bedingungen des Menschseins ausgenommen wäre.

Einmal fuhr ich nach Amsterdam, um das Vincent-van-Gogh-Museum zu besuchen. Ein besonderes Porträt fiel mir auf. Es war das Gesicht eines sehr alten Mannes. Seine Augen hatten den Ausdruck eines Menschen, der alle Grausamkeit und Gewalt menschlicher Erfahrung gesehen hat. Seine zerschlissene und verwitterte braune Mütze saß gerade auf seinem Kopf. In sein Gesicht waren die Furchen unendlicher Traurigkeit gegraben. Ein

Schrei tiefer Tragik kam aus seinem Mund. Die Worte, die ich vernahm, lauteten: »Achtung! Gib Acht!« Es war ein Flehen von der anderen Seite des Abgrunds, eine Stimme aus der Ewigkeit. Ich stand wie angewurzelt vor der Kraft und Intensität des Porträts. Mir fiel eine Zeile buddhistischer Weisheit ein: »Sei dir selbst eine Leuchte.« Der Mann in dem Porträt bat mich, meine Bestimmung ernster zu nehmen. Er sagte mir, dass alles von der Ernsthaftigkeit und Integrität abhängt, die wir auf unserer Seelenreise durchhalten.

Ich weiß nicht, durch welche Gnade mir über sechzig Jahre geschenkt wurden, und ich beuge demütig und dankbar meine Knie für diese Gnade. Die Zeit, die jedem von uns zugemessen wird, ist ein Mysterium. Wäre ich mit dreißig gestorben, wäre ich eine so ungeformte Seele gewesen, dass ich kaum gewusst hätte, dass ich mich in der Gegenwart der Engel der Gnade befinde. Wäre ich mit vierzig gestorben, hätte mein verwundetes Ich, das ich vor allen verbarg, mich durch die Ewigkeit im Würgegriff gehabt. Wäre ich mit sechzig gestorben, hätten getane und ungetane Dinge, die Macht der Schuldgefühle und die Vernachlässigung der Bestimmung meiner Seele den Weg zur Freiheit der Seele verstellt.

Doch durch die Gnade Gottes erhielt ich das unvergleichliche Geschenk der Zeit – der Zeit zum Zuhören, der Zeit zum Alleinsein, der Zeit des Blutens und Heilens, der Zeit des Schweigens und der Zeit des Wartens.

Mit T. S. Eliot kann ich endlich ohne Scham und Furcht zu meiner Seele sagen: »Sei still und lass das Dunkel kommen – es wird die Dunkelheit Gottes sein.«

Die Zeit ist etwas radikal Anderes in der jenseitigen Welt,
wo wir uns mit der Wahrheit über uns selbst
auseinandersetzen müssen.
Primäre Beziehungen, die hier unerledigt blieben,
führen drüben zu den ernstesten Konsequenzen.

Der Gedanke bestürzt mich, dass Du nur drei Jahrzehnte hattest, um an Deiner Bestimmung zu arbeiten; aber, mein Lieber, Du besitzt das goldene Geschenk des Wissens um das Ende. Mit dreißig hatte ich keinen Grund anzunehmen, dass die Welt mir nicht gehörte, aber wenn ich ernsthaft gedacht hätte, dass ich vor meinem nächsten Geburtstag sterben würde, dann hätte ich jeden Menschen in meinem Leben begrüßt, der mir hätte helfen können, mich auf die nächste Sphäre vorzubereiten. Mit dreißig hatte ich mich mit dem Mysterium des Todes durch die Tragik des Krieges und mit tragischen Ereignissen in meiner Familie befasst.

Ich wusste schon damals, dass die sichere Hoffnung für meine Seele in der Identifizierung mit der grenzenlosen, ehrfurchtgebietenden Energie bestand, die in den drei Tagen der Trauer von Karfreitag bis Ostern in den menschlichen Bewusstseinsstrom eintrat und diesen zutiefst veränderte. Kein Lehrer, und wäre er noch so groß, kein menschliches Wesen, und wäre es noch so begabt, hätte diese Wandlung zustande bringen können. Nur eine göttliche Intervention, die einen gotterfüllten Impuls von unermesslicher Kraft freisetzte, konnte diesen Umschwung im Laufe der Geschichte vollbringen.

Obwohl ich meine Christuserfahrung nicht mit diesen Worten hätte ausdrücken müssen, als ich dreißig war, hatte ich ihre Wahrheit erkannt und mich darum bemüht, Seinen Willen für mich in der Zeit, die mir auf der Erde noch beschieden war, zu erkennen. Die Lebenszeit jedes Menschen, ob kurz oder lang oder dazwischen, ist schließlich nichts anderes als das – der Mörser, in dem wir unsere Seele bilden und umgestalten, die wir zur Quelle, aus der wir kommen, zurückbringen. Es gibt keine größere Gnade, die uns bei dieser Gestaltung helfen könnte, als den Christusimpuls, der ins Bewusstsein unserer Seele einströmt, wenn wir uns ihm öffnen.

Dein innerstes Selbst ist ein Gewebe aus den Fäden all dessen, was Du begehrt und geliebt hast, all dessen, was Du getan, geglaubt, gedacht, gefühlt und gewollt hast, seit Du geboren wurdest. Solange Du atmest, werden diese Fäden das Muster der Persönlichkeit, die du bist, weben und umgestalten. Aus diesem Prozess gibt es kein Entrinnen. Er geht weiter, ob man es zur Kenntnis nimmt oder leugnet. Der Großteil des Prozesses bleibt in den Tiefen des Unterbewussten verborgen. In seinem Kern ist ein essentielles Du, das sich durch den Druck der täglichen Erfahrung ständig fortentwickelt. In der Religion nennen wir diese sich entwickelnde essentielle Person die Seele.

Der Gedanke bestürzt mich,
dass Du nur drei Jahrzehnte hattest,
um an Deiner Bestimmung zu arbeiten.

Für das Wesen unserer Seele, ihre Form und Gestalt tragen wir Verantwortung. Dies ist mit Abstand die wichtigste Aufgabe, zu der wir im Leben berufen sind. Früher dachte ich, Elternschaft sei die größte Verantwortung, die wir jemals übernehmen können. Heute weiß ich, dass Elternschaft zwar ein ehrwürdiger Beruf ist, jedoch nur für eine Zeit des Lebens. Selbst Eltern sind letztlich nicht für ihr Kind verantwortlich. Außerdem dachte ich oft, dass ich tiefe Verantwortung für die Menschen trage, denen ich mein Herz in Liebe geschenkt habe. Jetzt weiß ich, dass wir zwar in der Liebe einer des anderen Last tragen und so das Gesetz Christi erfüllen, dass ich aber, wenn es um die letzte Rechenschaft geht, für die Seele eines anderen nicht verantwortlich sein kann.

Ich habe oft darüber nachgedacht, was der Satz bedeutet: »Es ist schrecklich, in die Hände des lebendigen Gottes zu fallen.« Jetzt, in meinen älteren Jahren, glaube ich es zu wissen. Wenn ich durch die Pforte des Todes schreite, werde ich in die Hände des lebendigen Gottes fallen, und ich, ich allein, werde mich für den Kern der

Persönlichkeit, die ich in die Gefilde seiner Lobpreisung bringe, zu verantworten haben.

Wenn ich nie ernsthaft über mein innerstes Sein nachgedacht habe, wenn ich immer an der Oberfläche gelebt habe, ohne auf die Werte zu achten, die unser individuelles und gemeinschaftliches Leben tragen, wenn ich mich nie bemüht habe, mich selbst und das Muster meiner Reaktionen zu Menschen zu verstehen, wenn ich jedem Einblick in die Ursachen meines Verhaltens und Fehlverhaltens aus dem Wege gegangen bin, wenn ich so oberflächlich gelebt habe, dass ich vor den harten Problemen und Realitäten primären Leidens und sozialer Ungerechtigkeit immer nur davongelaufen bin, dann werde ich wissen, wie schrecklich es ist, in die Hände des lebendigen Gottes zu fallen, weil ich ihm nichts zu bringen habe als einen dünnen Schleier verwirrter Bilder, die nichts bedeuten als vergeudete Chancen.

Die Weigerung zu vergeben heißt den anderen
als die Person, die er ist, abzulehnen.
Wie wir vergeben, so wird uns vergeben werden.
Wie wir uns weigern zu vergeben,
so wird auch uns nicht vergeben werden.

Es gibt noch eine andere Ebene, über die ich nachgedacht habe, Edward, und diese dreht sich um das Problem der Autorität. Wenn ich nie eine Autorität über mir akzeptiert habe, wenn ich regelmäßig meinen eigenen Willen vor alle anderen Erwägungen gesetzt habe; wenn ich vermieden habe, mich auf etwas zu verpflichten, das meine Hochachtung und Verehrung verdient; wenn ich konsequent mein eigenes Vergnügen und seine Erfüllung jedem anderen Interesse vorgezogen habe; wenn ich das Wort als etwas betrachtet habe, das für persönlichen Gewinn und Anerkennung einzusetzen ist, ohne auf Wahrheit zu achten; wenn ich andere Menschen für meine Zwecke und meine Befriedigung benützt habe, ohne viel an ihre Rechte zu denken; wenn ich das Vertrauen, das andere in mich gesetzt haben, durch Vertrauensbruch oder durch zahllose Heucheleien und zweideutige Reden verraten habe, dann werde ich wissen, wenn ich die Pforte des Todes durchschreite, wie schrecklich es ist, in die Hände des lebendigen Gottes zu fallen, weil ich ihm nichts zu bringen habe als eine leere Schale, einen Kelch, den er mir bei meiner Geburt schenkte und in den ich nichts hineingegossen habe, das wert wäre, aufbewahrt zu werden.

Heute weiß ich, dass Elternschaft zwar ein ehrwürdiger Beruf ist, aber nur für eine Zeit des Lebens. Selbst Eltern sind letztlich nicht für ihr Kind verantwortlich.

Wir werden die Menschen, die wir sind, durch die Dinge, zu denen wir gehören. Wenn wir nie etwas anderem gehört haben als uns selbst, dann haben wir dem lebendigen Gott nur ein leeres Selbst zu bringen, wenn das Ende kommt. Je edler, je höher, je größer unsere Verpflichtungen, desto mehr werden wir zu der Person, als die Gott uns gemeint hat. Ich brauchte lange im Leben, um in meinem inneren Sein die Wahrheit zu lernen, die ich vor vielen Jahren gehört hatte. Endlich weiß ich, dass mein Sein nur ein höchstes Gesetz hat: Ich möchte Christus so tief, so vollständig wie möglich angehören, denn ich weiß, nur wenn ich Ihm gehöre, kann ich darauf hoffen, die Person zu werden, als die Er mich gemacht hat. Ohne Ihn kann ich dem lebendigen Gott nur eine leere Schale bringen.

Aber wir haben den Grund noch nicht erreicht. Weder der Geist noch der Wille zählt letztlich, sondern das Herz. Wenn ich beim Rückblick auf mein Leben einen Groll gegen irgend jemanden hege und die Unzulänglichkeiten eines anderen für meine Entbehrungen verantwortlich mache; wenn ich darauf bestehe, mich für ein Opfer zu halten, ein hilfloses Versatzstück auf dem komplizierten Schachbrett zufälliger Umstände und Ereignisse des Lebens, manipuliert von denjenigen, die besseres Wissen hätten haben sollen, verraten von denen, die ich liebte und respektierte, vielleicht sogar von Gott verstoßen, wenn ich die Gnade der Vergebung, des Vergebens und Vergebenwerdens, verweigere – wenn ich dann in dem Augenblick der höchsten und unausweichlichen Wahrheit komme, nackt und dem blendenden Licht der göttlichen Wirklichkeit ausgeliefert, werde ich die Pforten verschlossen finden.

Die Weigerung zu vergeben heißt, den anderen als die Person, die er ist, abzulehnen. Wie wir vergeben, so wird uns vergeben werden. Wie wir uns weigern zu vergeben, so wird auch uns nicht vergeben werden. Kierkegaard schrieb: »Ich muss daran glauben, dass Gott, indem er vergibt, das Ausmaß der Schuld vergessen hat – im Gedanken an Gott muss ich denken, dass er sie vergessen hat, und das Wagnis lernen, sie in der Vergebung selbst zu vergessen.«

Ich bitte Dich zu wagen, die Barrieren von Schuld und Zorn in der Vergangenheit zu vergessen, wissend, wenn Gott sie vergessen kann, kannst Du es auch. Missverstehe mich nicht, mein Lieber, man muss sich mit den Barrieren auseinandersetzen, bevor man sie vergessen kann. Ich bin eine von denen, die unerhört lange gebraucht haben, um diese Weisheit zu lernen. Aber wenn Du Dich ihnen einmal offen und ehrlich gestellt und sie mit denen, die im Knoten Deines Lebens vielleicht mitverstrickt sind, bearbeitet hast, dann kommt der Augenblick, in dem Du »glauben musst, dass Gott, indem Er vergibt, die Schuld vergessen hat«. In dieser Stunde des göttlichen Lichtes musst Du Dir selbst vergeben und vergessen.

Dein innerstes Selbst ist ein Gewebe aus den Fäden all dessen, was du begehrt und geliebt hast, all dessen, was du getan, geglaubt, gedacht, gefühlt und gewollt hast.

Als ich diesen Brief begann, hatte ich Dich eben im Krankenhaus besucht. Ich sah Deine Augen, die vor Erschöpfung getrübt waren. Ich habe Dich umarmt und auf die Stirn geküsst. Dein Kopf war schweißnass und fieberte. Ich kam hierher in mein kleines Arbeitszimmer am Meer. Ich schloss die Tür auf und weinte. Ich wünsche, ich könnte Dir mehr geben als den Trost meines Lebens, und es ist wohl das dringende Bedürfnis in mir, Dir zu helfen, das mir die Kühnheit gegeben hat, diesen langen, weitschweifigen Brief zu schreiben. Ich kann nur noch hinzufügen, dass ich an Wunder glaube, und ich glaube an Deinen tapferen Geist. Vielleicht trägt er doch noch den Sieg davon!

Wie immer Deine

E.

Aus: *Aids – Herausforderung zur Menschlichkeit,* S. 194–205.

Schule des Lebens

1997 erschien Das Rad des Lebens, *die Autobiographie von EKR. Nach ihren Schlaganfällen litt EKR an starken Schmerzen und wäre, wie sie in Interviews wiederholt erklärte, am liebsten gestorben. Doch das Leben hält weitere Aufgaben für sie bereit. Zur Abhängigkeit von anderen und zur Inaktivität verurteilt, gelang es ihr dennoch, mit einem Freund und Schüler, dem Psychotherapeuten David Kessler, ein weiteres Buch vorzulegen,* Geborgen im Leben. *Die deutsche Ausgabe erschien 2001, im selben Jahr wie die Amerikanische Originalausgabe, die den Titel* Life Lessons *(»Lektionen des Lebens«) trug. Darin gehen die beiden Autoren auf die Lektionen des Lebens ein, die nach ihrer Erfahrung die wichtigsten sind: Authentizität, Liebe, Beziehungen, Trauer, Macht, Schuldgefühle, Zeit, Angst, Zorn, Spielen, Geduld, Anheimgeben, Vergebung und Glück.*

Geborgen im Leben *ist das Vermächtnis von EKR, ein reifes und weises Buch, die Summe ihrer Erkenntnisse über Leben und Tod. Das Buch ist so angelegt, dass bestimmte Abschnitte von den Autoren gemeinsam verfasst sind, für andere zeichnet jeder mit eigenem Namen (»DK« für David Kessler), so dass immer zu erkennen ist, wer gerade spricht. Die folgenden Textstücke stammen mit zwei gekennzeichneten Ausnahmen sämtlich von EKR und sind alle dem Band* Geborgen im Leben *entnommen.*

Eine Botschaft von Elisabeth

Wir alle haben in der Zeitspanne, die wir das »Leben« nennen, bestimmte Lektionen, die wir lernen müssen. In der Arbeit mit Sterbenden tritt dies besonders klar zutage. Sterbende lernen am Ende ihres Lebens sehr viel, doch meistens ist es zu spät, diese Lehren umzusetzen.

Nachdem ich 1995 in die Wüste von Arizona gezogen war, erlitt ich am Muttertag dieses Jahres einen Schlaganfall, der mich halbseitig lähmte. Die folgenden Jahre brachte ich an der Schwelle des Todes zu. Manchmal meinte ich, dass der Tod mich in wenigen Wochen ereilen würde. Oft war ich enttäuscht, dass er nicht kommen wollte, denn ich war bereit dazu. Ich starb jedoch nicht, weil ich die Lektionen des Lebens, meine letzten, noch zu lernen habe. Sie enthalten die endgültige Wahrheit über unser Leben; sie sind selbst das Geheimnis des Lebens, Ich wollte noch ein Buch schreiben, nicht über Tod und Sterben, sondern über das Leben und wie man leben soll.

Jeder von uns hat, symbolisch gesprochen, einen Gandhi und einen Hitler in sich. Mit »Gandhi« meine ich das Beste in uns, die größte Barmherzigkeit, mit »Hitler« das Schlechteste, unsere negativen Seiten, das Niedrige in uns. In den Lektionen unseres Lebens geht es darum, dass wir an unserer Niedrigkeit arbeiten, dass wir unsere Negativität loswerden und in uns selbst und anderen das Beste finden. Diese Lektionen sind die Stürme des Lebens; sie machen uns zu den Menschen, die wir sind. Wir sind dazu da, einander und uns selbst heil zu machen. Unter dieser Heilwerdung ist nicht eine physische Wiederherstellung zu verstehen, sondern eine Heilung auf einer viel tieferen Ebene – die Heilung unseres Geistes und unserer Seele.

Wenn wir also sagen, dass wir unsere Lektionen lernen oder unsere Hausaufgaben machen, dann sagen wir damit, dass wir unsere unerledigten Dinge loswerden wollen. Unerledigte Dinge haben nichts mit dem Tod zu um, sondern mit dem Leben. Sie berühren das, was uns am wichtigsten ist, wie z. B. die Frage: »Ja, ich habe recht gut verdient, aber habe ich mir je die Zeit genommen, wirklich zu *leben*?« Manche Menschen haben existiert, doch sie haben nie gelebt. Und sie haben enorm viel Energie dafür verausgabt, ihre unerledigten Dinge zu verdrängen.

Da unsere unerledigten Angelegenheiten das größte Lebensproblem sind, haben wir es vor allem mit diesem Thema zu tun, wenn wir dem Tod ins Auge sehen. Die meisten von uns scheiden mit sehr viel unerledigten Dingen. Viele von uns haben zumindest einige davon. Es gibt so viele Lektionen, die man im Leben lernen muss, dass es unmöglich ist, alle innerhalb eines einzigen Lebens zu bewältigen. Doch je mehr wir lernen, desto mehr Unerledigtes schaffen wir aus der Welt, und desto voller leben wir – das wirkliche Leben. Und egal, wann wir sterben, wir können trotzdem sagen: »Mein Gott, ich habe gelebt!«

Die Lektion der Liebe

Die Liebe, die zu beschreiben uns so schwer fällt, ist die einzig wirkliche und bleibende Erfahrung unseres Lebens. Sie ist das Gegenteil von Angst, der Kern von Beziehungen, das Wesen der Kreativität, die Gnade der Macht – ein komplexer Teil dessen, was wir sind. Sie ist die Quelle der Glückseligkeit, die Energie, die uns verbindet und die in uns lebt.

Liebe hat nichts zu tun mit Wissen, Bildung oder Macht; sie ist jenseits von Verhaltensweisen. Sie ist zudem das einzige Geschenk im Leben, das man nicht verlieren kann. Letztlich ist sie das Einzige, das wir einem anderen wahrhaft geben können. In einer Welt der Illusionen, einer Welt der Träume und der Leere ist die Liebe die Quelle der Wahrheit.

Trotz all ihrer Macht und Größe ist sie jedoch schwer zu fassen. Manche verbringen ihr ganzes Leben damit, die Liebe zu suchen. Wir fürchten, dass wir ihrer nie habhaft werden, dass wir sie, wenn wir sie finden, wieder verlieren oder als eine Gegebenheit betrachten werden, und fürchten, dass sie nicht dauern wird.

Wir denken, wir wüssten, wie die Liebe aussieht, da wir uns in unserer Kindheit ein Bild von ihr gemacht haben. Das gewöhnlichste Bild ist das romantische Ideal: Wenn wir diesem besonderen Menschen begegnen, werden wir uns plötzlich als ein Ganzes fühlen, alles wird wunderbar, und wir werden hinfort in Glückseligkeit leben. Natürlich bricht es uns das Herz, wenn wir im wirklichen Leben einige nicht so romantische Einzelheiten hinzufügen müssen, wenn wir herausfinden, dass der Großteil der Liebe, die wir geben und empfangen, bedingt ist. Sogar die Liebe zu und von unseren Angehörigen und Freunden beruht auf Erwartungen und Bedingungen. Diese Erwartungen und Bedingungen werden unweigerlich nicht erfüllt, und die Einzelheiten des wirklichen Lebens reihen sich zu einem Faden, der einen Albtraum hervorruft. Wir befinden uns in lieblosen Freundschaften und Beziehungen. Aus unseren romantischen Illusionen erwachen wir in einer Welt, der die Liebe fehlt, auf die wir als Kinder gehofft hatten. Nun betrachten wir die Liebe aus dem Blickwinkel des Erwachsenen und sehen alles klar, realistisch und verbittert.

Glücklicherweise *ist* wahre Liebe möglich, wir *können* die Liebe fühlen, auf die wir gehofft hatten. Sie existiert, aber nicht in unserer Auffassung von Liebe. Sie lebt nicht in dem Traum, dass wir einen vollkommenen Partner oder den besten Freund finden werden. Die Ganzheit, die wir suchen, ist hier, mit und in uns, jetzt, in der Wirklichkeit. Wir müssen uns das nur klarmachen.

Die meisten von uns ersehnen die bedingungslose Liebe, eine Liebe, die sich auf das gründet, was wir sind, nicht auf das, was wir tun oder nicht tun. Wenn wir Glück haben, viel Glück, haben wir in unserem Leben einige Minuten davon erfahren. Es ist traurig, dass der Großteil der Liebe, die wir in diesem Leben erfahren, sehr bedingt ist. Wir werden geliebt um der Dinge willen, die wir für andere tun, wie viel wir verdienen, wie lustig wir sind, wie wir unsere Kinder behandeln oder unseren Haushalt führen und so fort. Es fällt uns schwer, die Menschen so zu lieben, wie sie sind. Es ist beinahe so, als würden wir uns nach einem Vorwand umschauen, um andere nicht zu lieben.

Wir können nur Frieden und Glück in der Liebe finden, wenn wir die Bedingungen loslassen, die wir an unsere Liebe zueinander knüpfen. Und wir stellen gewöhnlich denjenigen die härtesten Bedingungen, die wir am meisten lieben. Die Liebe zu Konditionen hat man uns eingetrichtert – wir wurden buchstäblich darauf konditioniert –, und es ist ein schwieriger Prozess, das zu verlernen. Als menschlichen Wesen ist es uns nicht möglich, zu einer *vollkommen* bedingungslosen Liebe zueinander zu finden, aber wir können mehr haben als die paar Minuten, die wir normalerweise in einem ganzen Leben bekommen.

Zu den wenigen Menschen, bei denen wir bedingungslose Liebe finden können, zählen unsere Kinder, wenn sie noch sehr klein sind. Unser Tagesablauf, unser Geld, unsere Leistungen sind ihnen gleichgültig. Sie lieben uns einfach. Mit der Zeit bringen wir ihnen bei, Bedingungen für ihre Liebe zu stellen, wenn wir sie dafür belohnen, dass sie lächeln, gute Noten heimbringen und so sind, wie wir sie haben wollen. Aber wir können noch immer viel von der Art und Weise lernen, wie Kinder uns lieben. Wenn wir unsere Kinder nur ein wenig länger und bedingungsloser lieben würden, könnten wir uns eine ganz andere Lebenswelt schaffen.

Liebe zu Bedingungen belastet unsere Beziehungen. Wenn wir diese Bedingungen loslassen, können wir Liebe auf vielen Wegen finden, die wir nie für möglich gehalten hätten.

Eines der größten Hindernisse für bedingungslose Liebe ist die Angst, dass unsere Liebe vielleicht nicht erwidert wird. Wir begreifen nicht, dass das Gefühl, das wir suchen, im Geben liegt, nicht im Empfangen.

Wenn wir die empfangene Liebe messen, werden wir uns nie geliebt fühlen. Stattdessen empfinden wir uns als zu kurz gekommen. Nicht weil das wirklich so ist, sondern weil der Akt des Messens kein Akt der Liebe ist. Wenn Sie sich ungeliebt fühlen, dann nicht deshalb, weil Sie keine Liebe bekommen, sondern weil Sie selbst Liebe vorenthalten.

Wenn Sie mit geliebten Menschen streiten, glauben Sie, dass Sie sich wegen etwas aufregen, das diese getan oder nicht getan haben. In Wahrheit regen Sie sich auf, weil Sie Ihr Herz verschlossen, Ihre Liebe entzogen haben. Und es wäre nie die richtige Antwort, die Liebe vorzuenthalten, bis die anderen sich gebessert haben. Was geschieht, wenn diese das nicht tun, wenn sie es nie tun?

Werden Sie dann Ihre Mutter, Ihren Freund, Ihren Bruder nie mehr lieben? Doch wenn Sie sie lieben trotz der Dinge, die sie getan haben, werden Sie Veränderungen bemerken, Sie werden die ganze entfesselte Kraft des Universums sehen können. Sie werden sehen, wie Ihre Herzen schmelzen und sich öffnen.

Vor einigen Jahren kannte ich einen kleinen Jungen, der nur eines wollte: Liebe verbreiten und das Leben finden, obwohl er am Ende des seinigen war. Von den neun Jahren seines Lebens hatte er sechs mit Krebs verbracht. Im Krankenhaus sah ich mit einem Blick, dass er aufgegeben hatte zu kämpfen. Er war am Ende. Er hatte die Wirklichkeit seines Todes akzeptiert. An dem Tag, als er nach Hause entlassen wurde, ging ich hin, um mich von ihm zu verabschieden. Zu meiner Überraschung bat er mich, mit ihm nach Hause zu kommen. Als ich einen verstohlenen Blick auf meine Uhr warf, versicherte er mir, dass es nicht lange dauern würde. Und so fuhren wir vor sein Haus und parkten. Er bat seinen Vater, das Fahrrad herunterzuholen, das seit drei Jahren unbenutzt in der Garage hing. Sein größter Traum war, einmal um den Häuserblock zu fahren – aber er hatte das noch nie tun können. Er bat seinen Vater, die Stützräder an sein Fahrrad zu montieren. Das erfordert ziemlich viel Mut von einem Jungen, denn es ist demütigend, mit Stützrädern gesehen zu werden, wenn seine Altersgenossen schon rasante Kunststücke auf ihren Rädern vollführen.

Mit Tränen in den Augen erfüllte der Vater diesen Auftrag.

Dann sah der Junge mich an und sagte: »Sie müssen meine Mama festhalten.«

Sie wissen, wie die Mütter sind, sie wollen einen ständig beschützen. Sie wollte ihn die ganze Fahrt um den Häuserblock festhalten, aber das hätte ihn um seinen großen Sieg gebracht. Seine Mutter hatte Verständnis. Sie wusste, dass es eines der letzten Dinge war, die sie ihrem Sohn zuliebe tun konnte, sich nicht an ihn zu hängen, als er seine letzte große Herausforderung bestand.

Wir warteten, als er davon gefahren war. Es kam uns wie eine Ewigkeit vor. Dann kam er um die Ecke, kaum noch in der Lage, das Gleichgewicht zu halten. Er sah schrecklich angespannt und blass aus. Niemand hätte gedacht, dass er auf einem Rad fahren könnte. Aber er fuhr strahlend auf uns zu. Dann ließ er seinen Vater die Stützräder abnehmen, und wir trugen das Rad und ihn nach oben. »Wenn mein Bruder von der Schule nach Hause kommt, schickt ihn bitte zu mir«, bat er.

Zwei Wochen danach erzählte uns sein kleiner Bruder, ein Erstklässler, dass sein Bruder ihm das Fahrrad zum Geburtstag geschenkt hatte, da er wusste, dass er seinen Geburtstag nicht mehr erleben würde. Als er nur noch wenig Zeit und Energie hatte, lebte dieser tapfere Junge seine letzten Träume aus, indem er auf seinem Fahrrad um den Block fuhr und es dann seinem jüngeren Bruder schenkte.

In uns allen stecken Träume von Liebe, Leben und Abenteuer. Aber traurigerweise sind wir auch voll von Gründen, warum wir nicht versuchen, sie zu verwirklichen. Diese Gründe wollen uns scheinbar beschützen, aber in Wahrheit halten sie uns in einem Gefängnis fest. Sie halten das Leben auf Distanz. Das Leben ist schneller vorüber, als wir denken. Wenn wir Fahrräder haben, auf denen wir fahren, und Menschen, die wir lieben können, sollten wir das jetzt tun.

Als ich mir die Lektion der Liebe durch den Kopf gehen ließ, dachte ich an mich selbst und mein eigenes Leben. Wie alle Menschen, mit denen ich je gearbeitet habe, muss ich lernen, mich selbst mehr zu lieben. Ich betrachte mich noch immer als eine Schweizer Hinterwäldlerin, und wenn ich das Wort *Selbstliebe* höre, stelle ich mir zugegebenermaßen eine Frau vor, die in einer Ecke sitzt und masturbiert. Offensichtlich habe ich aus diesem Grund diesem Begriff nie viel abgewinnen können.

In meinem persönlichen Leben sowie durch meine Arbeit all die Jahre hindurch empfand ich, dass mir viel Liebe von anderen Menschen geschenkt wurde. Es wäre anzunehmen, dass man, wenn man von so vielen geliebt wird, sich selbst lieben könnte. Aber dies ist nicht immer der Fall. Für die meisten von uns gilt das wohl nicht. Ich habe es im Leben und Sterben von Hunderten von Menschen erfahren, und jetzt erfahre ich es auch an mir selbst. Wenn Liebe überhaupt kommt, muss sie von innen kommen. Und so weit bin ich noch nicht.

Wie können wir lernen, uns selbst zu lieben? Das ist eine unserer größten Aufgaben, weil sie uns so schwer fällt. Die meisten von uns haben nie gelernt, sich als Kinder selbst zu lieben. Meistens wird uns beigebracht, dass es etwas Schlechtes sei, sich selbst zu lieben, denn Selbstliebe wird mit Selbstbezogenheit und Egoismus verwechselt. Daher denken wir, die Liebe bestehe darin, dass wir einem Märchenprinzen oder irgendjemandem begegnen würden, der uns »genau richtig« behandelt. Das hat nichts mit Liebe zu tun.

Die meisten von uns haben Liebe nie erfahren. Wir haben Belohnungen erfahren. Wir lernten als Kinder, dass wir »geliebt« werden würden, wenn wir höflich wären, gute Noten bekämen, die Oma anlächelten oder unsere Hände oft genug wuschen. Wir gaben uns jede Mühe, geliebt zu werden, und begriffen nicht, dass dies eine an Bedingungen geknüpfte, also eine falsche Liebe war. Wie sollen wir lieben können, wenn dazu so viel Billigung seitens anderer nötig ist? Wir können beginnen, indem wir unsere Seele pflegen und uns selbst gegenüber barmherzig sind.

Pflegen Sie Ihre Seele, geben Sie ihr Nahrung? Tun Sie etwas, das Ihnen ein besseres Selbstwertgefühl gibt, etwas, das getan zu haben Sie freut? Wenn wir uns lieben, dann füllen wir unser Leben mit Tätigkeiten, die uns ein Lächeln ins Gesicht zaubern. Das sind die Dinge, die unser Herz und unsere Seele singen lassen. Das ist nicht immer das »Gute«, das zu tun man uns gelehrt hat – es sind Dinge, die wir einfach für uns selbst tun. Sich selbst pflegen könnte heißen, dass Sie am Samstag länger schlafen, statt aufzustehen und »produktiv« zu sein. Und uns selbst pflegen heißt, die Liebe einzulassen, die überall um uns ist.

Während Sie das tun, seien Sie ein wenig barmherzig mit sich selbst. Lassen Sie es gut sein. So viele Menschen beschimpfen sich als dumm oder sagen, sie könnten nicht fassen, dass sie diese Tat begangen haben, oder nennen sich Idioten. Wenn jemand anders einen Fehler gemacht hat, sagten Sie: »Mach dir nichts draus, das kann jedem passieren, nicht der Rede wert.« Aber wenn wir denselben Fehler machen, bedeutet das für uns, dass wir wertlos und Versager sind. Die meisten von uns gehen milder mit anderen Menschen um als mit sich selbst. Üben wir, so freundlich und nachsichtig mit uns selbst umzugehen wie mit anderen.

Der Fall Troy

Troy, der seit drei Jahren mit AIDS lebte, hielt sich für einen Glückspilz, weil die Krankheit bei ihm noch nicht ausgebrochen war. Körperlich ging es ihm gut, aber seelisch war er von Angst wie gelähmt. Er war an alle erdenklichen Ängste gewöhnt und hatte die meiste Zeit seines Lebens damit zugebracht. »Sie hatten mich nie ganz lahmgelegt«, erzählte er, »sie waren nur gerade schlimm genug, dass ich zum Leben Distanz hielt. Jetzt, mit AIDS, war ich niedergeschmettert. Es war, als ob alle meine Ängste sich in der einen großen Krankheit zusammenballten.

Mein Partner Vincent steht mir immer bei. Er sagt mir fortwährend, dass ich stärker bin als meine Ängste. Schau ihnen ins Auge, sagt er, konfrontiere sie. Lade deine schlimmste Angst zum Mittagessen ein, und du wirst sehen, dass sie nicht die Macht über dich hat, die du ihr zuschreibst.

Ich dachte: ›Meine Ängste konfrontieren, sie zum Essen einladen, ihr ins Auge sehen, was soll das? Genügt es nicht, dass ich mit AIDS lebe?‹ Ich möchte ihm viel lieber sagen, dass ich nicht seiner Meinung bin, als mich auf das einzulassen, was er gesagt hat. Niemand weiß besser als ich, wie meine Ängste mich aufgefressen haben.

Ich war gerade ohne Arbeit, als einer von Vincents Mitarbeitern an mich herantrat. Er sagte mir, dass seine

Schwester Jackie AIDS habe und eben aus dem Krankenhaus gekommen sei. Sie hatten Schwierigkeiten, eine Betreuung für sie zu finden, und wollten mich fragen, ob ich sie pflegen könnte. Ich sagte ihm, dass ich es mir überlegen wolle und ihn zurückrufen würde. Dann ging ich zu Vincent und bat ihn um Rat. Er meinte: ›Sie braucht dringend Hilfe, und du könntest das Geld gebrauchen.‹ Ich fragte ihn, wie krank sie sei, und er antwortete, dass er meinte, sie läge im Sterben.

Als er das sagte, stiegen alle meine Ängste wieder in mir hoch. Ich fragte: ›Glauben die denn, dass ich einmalig qualifiziert bin, sie zu pflegen, weil ich selber am Verrecken bin?‹

›Nein‹, sagte Vincent. ›Sie hoffen, dass du vielleicht keine Angst vor der Krankheit hast, weil du sie auch hast.‹

›Mensch‹, dachte ich, ›da seid ihr aber an den Falschen gekommen.‹

Ich konnte es nicht machen, ich hatte zu viel Schiss. Vincent versicherte mir, dass ich es nicht machen müsste, wenn ich nicht wollte, aber er meinte, ich sollte Jackie kennen lernen. Ich hatte aber Angst davor. Dann dachte ich, dass ich lange genug Angst gehabt hätte, und so beschloss ich, diesen Schritt zu tun und sie kennen zu lernen.

Ich bat Vincent, mich zu ihrem Haus zu begleiten. Ich ging bis zur Tür, drehte mich um und sagte: ›Es tut mir Leid, Vincent, aber ich kann nicht.‹

Er sagte: ›In Ordnung, fahren wir nach Hause und rufen wir sie an.‹

Dann sah ich noch einmal zur Tür hin. Da, hinter dieser Tür, waren alle meine Ängste. Ich entschloss mich, in sie hineinzugehen und mal abzuwarten, was passieren würde. Etwas trieb mich, durch diese Tür zu gehen.

Drinnen sah ich Jackie in einem Rollstuhl sitzen. Sie wog vielleicht noch achtzig Pfund. Sie hatte einen doppelten Schlaganfall erlitten und konnte daher nicht gut sprechen. Sie hatte die größten braunen Augen, die ich je gesehen habe. Ich sah in sie hinein und sah darin diese große Angst. Es stand ihr auf der Stirn geschrieben: ›Ich fürchte, dass ich sterben muss. Ich habe Angst davor, allein zu sterben, ich habe Angst, dass niemand für mich da sein wird. Ich fürchte, dass du wieder weggehst.‹ Da saßen meine größten Ängste direkt vor mir! Ich sah sie an und war so traurig. Ich hörte im Geiste nur: ›Geh vorwärts. Geh in deine Angst hinein.‹ Ich schloss meine Augen und fragte: ›Kann ich heute anfangen?‹

Ich wusste, dass ich ihr helfen müsste, dieser Fremden, die ich nicht kannte. Später erfuhr ich, dass ihre Eltern nichts mehr mit ihr zu tun haben wollten, seitdem sie AIDS hatte. Sie waren bereit, jemanden zu bezahlen, der sie versorgte. Sie warteten nur darauf, dass sie starb. Jackie hatte zwei Freunde, die vorbei schauten, aber nicht sehr oft. Ich fing mit Teilzeit an, arbeitete dann ganztags und wurde schließlich ihr bester Freund. Ich hatte nicht erwartet, dass ich durch meine Angst durchkäme, aber so war es. Ich fing an, Jackie zu lieben.

Am Ende wurde sie noch einmal ins Krankenhaus gebracht. Sie wollte, dass ich mitkam, weil sie solche Angst hatte. An ihrem letzten Tag ging ich zu ihr. Man hatte ihre Eltern gerufen, aber sie blieben im Wartezimmer. Ich saß bei ihr und sah in ihre großen braunen Augen. Ich sagte ihr, dass ich bei ihr sei. Ich spürte ihre Angst. Noch nie habe ich etwas so intensiv gefühlt. Dann kam mir wieder in den Sinn: ›Geh vorwärts, es hat keine Macht über dich.‹ Ich sagte zu ihr: ›Ich halte deine Hand. Ich werde bei dir bleiben und deine Hand halten, bis sie dich auf der anderen Seite abholen. Dann werden sie deine Hand halten. Hab keine Angst, Jackie, hab keine Angst.‹

Dann starb sie. Ich sah, wie ihre Brust aufhörte, sich zu heben und zu senken.

Die Leute von der Bestattung kamen, um sie abzuholen. Sie regten sich auf, weil niemand ihnen gesagt hatte, dass sie AIDS hatte, und fürchteten sich, sie anzufassen. So erklärten eine Krankenschwester und ich uns bereit, Jackie in den Leichensack zu legen. Ich hatte es satt, die Angst um sie herum zu spüren. Ich dachte: ›Schluss damit. Ich mache es lieber selber, als die Kerle an sie ranzulassen.‹ Es war das Schwerste, was ich in meinem Leben je getan habe. Ich sagte ihr nur immer wieder: ›Hab keine Angst, Jackie, hab keine Angst.‹«

Troy bekämpfte die Angst mit Liebe und blieb Sieger. Güte überwindet die Angst immer. So kann man sie schlagen, denn gegen die Liebe richtet sie nichts aus. Das Fundament, auf dem die Macht der Angst steht, ist hohl. Sie kann besiegt werden, indem man einfach vorwärts geht.

Angst

Wir alle leben mit der Möglichkeit des Todes, aber Sterbende leben mit der Wahrscheinlichkeit, dass er bald eintreten wird. Was machen sie mit dieser gesteigerten Bewusstheit? Sie riskieren mehr, weil sie nichts mehr zu verlieren haben. Patienten am Rande des Lebens werden Ihnen sagen, welch ungeheures Glück sie in der Erkenntnis finden, dass es nichts zu fürchten, nichts zu verlieren gibt. Es ist die Angst selbst, die uns so viel Unglück im Leben bringt, nicht die Dinge, vor denen wir uns fürchten. Angst hat viele Masken – Zorn, Schutzbedürfnis, Selbstisolierung. Wir müssen unsere Angst in Weisheit verwandeln. Gehen Sie jeden Tag einen Schritt vorwärts. Üben Sie sich darin, die kleinen Dinge zu tun, vor denen Sie sich fürchten. Ihre Angst hat nur dann eine so große Macht über Sie, wenn Sie ihr nicht entgegentreten. Lernen Sie, sich der Macht der Liebe und Güte zu bedienen, um die Angst zu überwinden.

Mitgefühl kann Ihnen helfen, Ihre Liebe und Güte nutzbar zu machen, wenn Sie mit Angst konfrontiert sind. Wenn Sie sich das nächste Mal vor etwas fürchten, üben Sie Mitgefühl.

Wenn Sie in der Nähe eines Menschen sind, der krank ist, auch wenn es sich nur um eine kleine Unpässlichkeit wie eine Erkältung handelt, möchten Sie vielleicht Abstand wahren, weil Sie Angst haben, sich anzustecken. Haben Sie statt dessen Mitgefühl – Sie wissen ja, wie man sich fühlt, wenn man erkältet ist.

Wenn Sie abgehalten werden, weil Sie Angst haben, dass Sie oder das, was Sie getan haben, nicht gut genug sei, haben Sie Mitgefühl mit sich selbst. Stellen Sie sich vor, Sie haben einen Bericht über Ihre große neue Idee vorbereitet, haben jedoch Angst, ihn Ihrer Chefin zu zeigen. Sie denken vielleicht: »Ich fürchte, dass sie nichts damit anfangen kann. Ich bin nicht gut genug, ich werde gefeuert werden.« Wenn Sie diesen Ängsten Ihre Aufmerksamkeit schenken, werden diese wachsen und sich ausbreiten. Nehmen Sie dagegen an, dass Sie Mitgefühl mit sich selbst haben. Nehmen Sie an, Sie sagen sich, dass Sie Ihr Bestes leisten und den Bericht mit Sorgfalt vorbereitet haben, und nur darauf kommt es an. Wenn Sie sich im Geist mit der Reaktion Ihrer Chefin befassen, haben Sie Mitgefühl mit ihr in dem Wissen, dass auch sie nur gute Arbeit leisten will und ihr Bestmögliches tut. Wenn Sie so vorgehen, führen Sie Mitgefühl und Liebe ein, um Ihre Angst zu zerstreuen. Sie werden staunen, wie die Angst durch Mitgefühl dahinschmilzt.

Wenn Sie Angst davor haben, bei gesellschaftlichen oder geschäftlichen Anlässen Menschen anzusprechen, denken Sie daran, dass die meisten anderen Leute sich in derselben Lage befinden wie Sie. Auch sie kennen nicht jeden der Anwesenden, sie fürchten, dass niemand mit ihnen reden will, und manche würden sich lieber davonstehlen und nach Hause gehen. Denken Sie daran, dass sie mit Mitgefühl behandelt werden möchten, genauso wie Sie. Ihr Mitgefühl mit ihnen befreit Sie von Ihrer Angst. Sie werden feststellen, dass Sie viel leichter auf Leute zugehen können, wenn Sie für sie, genauso wie für sich selbst, Mitgefühl empfinden.

Wenn wir begreifen, dass jeder Mensch innerlich ein bisschen Angst hat, beginnen wir, mit mehr Mitgefühl und weniger Angst zu leben. In ihrem Inneren sind die Chefin oder der Kranke oder die Partygäste Menschen, die ebenso wie Sie Angst haben und Mitgefühl verdienen.

Wenn Sie in Angst leben, dann leben Sie nicht wirklich. Jeder Gedanke, den Sie fassen, bestärkt entweder Ihre Angst oder vergrößert Ihre Liebe. Aus Liebe wird noch mehr Liebe, sie steigert sich selbst. Aus Angst wird noch mehr Angst, besonders wenn sie verborgen wird. Sie vermehren auch die Angst, wenn Sie aus der Angst handeln.

Wahre Freiheit findet man, wenn man die Dinge tut, vor denen man sich am meisten fürchtet. Machen Sie einen Sprung, und Sie werden das Leben finden, nicht verlieren. Manchmal ist das Gefährlichste, was wir tun können, ein Leben in Sicherheit zu führen und alle unsere Ängste und Sorgen zu respektieren. Machen Sie nicht die Angst zu einem dauerhaften Bestandteil Ihres Lebens. Wenn Sie die Angst loslassen oder wenigstens trotz der Angst leben, gelangen Sie überraschender und paradoxer Weise an einen Ort der Sicherheit. Sie können lernen zu lieben, ohne zu zögern, zu sprechen, ohne Vorsicht zu üben, und Anteil zu nehmen, ohne sich zu verteidigen.

Wenn wir auf die andere Seite der Angst gelangen, finden wir ein neues Leben. Letztlich führt die Liebe dazu, dass wir unsere Ängste loslassen. Wie Helen Keller sagte: »Das Leben ist entweder ein kühnes Abenteuer oder gar nichts.« Wenn wir diese Lektionen der Angst lernen, können wir ein Leben voll Ehrfurcht und Staunen führen. Ein Leben, das unsere Träume übersteigt, frei von Angst.

Zorn

Nach meinen Schlaganfällen konnte ich mit der Vorstellung leben, dass ich sterben würde, und ebenso gut mit der Vorstellung, dass ich mich erholen würde. Stattdessen war ich gezwungen, mit einer schweren Behinderung zu leben, einer linksseitigen Lähmung, die sich weder besserte noch verschlechterte. Ich war wie ein Flugzeug auf der Startbahn: Ich wünschte mir, dass ich entweder abheben oder zur Rampe zurückkehren gönnte. Ich konnte nichts anderes tun, als dazusitzen. Ich wurde zornig. Ich war voll Zorn auf alles und jeden. Ich hatte sogar auf Gott einen Zorn und schimpfte auf ihn, wie es im Buche steht – aber kein Blitz traf mich. Jahrelang haben so viele Menschen mir gesagt, wie sehr sie die von mir definierten Stufen von Tod und Sterben, die auch den Zorn beinhalten, nachvollziehen konnten. Aber jetzt, als ich selber zornig wurde, verschwanden viele Menschen aus meinem Leben. Mindestens drei Viertel meiner Freunde verließen mich. Manche verurteilten mich sogar in der Presse, dass ich wegen meines Zorns keinen »guten« Tod hätte. Es war, als ob sie meine Stufen liebten, aber mich nicht, wenn ich selbst eine davon durchmachte. Doch diejenigen, die bei mir blieben, ließen mich in Frieden, ohne mich oder meinen Zorn zu verurteilen, und das hat mir geholfen, ihn loszuwerden.

Ich lernte, dass es Patienten erlaubt sein muss, ihren Zorn zum Ausdruck zu bringen, und dass sie sich das auch zugestehen müssen. Als ich nach meinem ersten Schlaganfall im Krankenhaus lag, setzte sich eine Krankenschwester auf meinen Ellbogen. Ich schrie vor Schmerz und teilte meinen ersten »Karateschlag« aus. Ich schlug sie nicht wirklich, sondern machte mit dem anderen Arm nur eine entsprechende Bewegung. Darauf schrieben sie in meine Krankengeschichte, dass ich zu Tätlichkeiten neige. Das ist so bezeichnend für die Welt der Medizin: Wir heften den Patienten ein übertriebenes Etikett an, wenn sie normale Reaktionen zeigen.

Wir sind hier, um heil zu werden und durch unsere Gefühle hindurchzugehen. Säuglinge und kleine Kinder spüren ihre Gefühle und gehen durch sie hindurch. Sie weinen, und es geht vorüber, sie werden zornig, und dann ist es vorbei. In ihrer Ehrlichkeit werden Sterbende oft wie die kleinen Kinder, die sie einst waren. Sterbende können sagen: »Ich habe Angst« und »Ich bin wütend«. Wie sie können wir lernen, ehrlicher zu sein und unseren Zorn auszudrücken. Wir können lernen, ein Leben zu führen, in dem Angst ein vorübergehendes Gefühl ist, nicht ein Seinszustand.

Geduld

Geduld ist eine der schwierigsten Lektionen, vielleicht die frustrierendste überhaupt. Ich war nie ein geduldiger Mensch. Ich hatte immer extrem viel zu tun, war ständig unterwegs, legte jedes Jahr Tausende von Meilen zurück, besuchte Patienten, hielt Vorträge, schrieb Bücher und zog meine Kinder groß.

Wegen meiner Krankheit kann ich mich nur mit fremder Hilfe im Rollstuhl fortbewegen, und diese Herausforderung nötigte mich, die Lektion der Geduld zu lernen. Diese Aufgabe widerstrebt mir, aber ich weiß, dass wir Geduld lernen müssen, wenn wir krank sind.

Wenn ich einigermaßen gut drauf bin, gehe ich mit einer Freundin aus. Aber ich möchte herumkommen, mich schneller bewegen, als ich es im Rollstuhl kann. Manchmal, wenn wir in einem Laden sind und jemand vorbei möchte, spüre ich, dass ich im Weg bin. Als ich einmal mit einer Freundin Winterkleidung kaufen ging, ließ sie mich stehen, während sie sich in einer anderen Verkaufszone umsah. Ich musste mich einfach in Geduld fassen, bis sie zurückkam.

Jetzt muss ich oft das tun, was ich am meisten hasse – warten. Wenn man krank oder abhängig ist, gibt es auf Schritt und Tritt eine Lektion in Geduld. So werde ich ihr jetzt wohl überall begegnen, bis ich sie intus habe.

Diese Lektion muss ich wirklich von Grund auf lernen.

Eine Lektion in Geduld besteht darin, dass man nicht immer das bekommt, was man will. Vielleicht möchten Sie sofort etwas haben, das Sie nicht gleich, wenn überhaupt, bekommen. Sie werden aber immer das bekommen, was Sie brauchen, auch wenn es nicht in Ihr Konzept passt.

In dieser modernen Welt sind die Menschen nicht gewöhnt, mit Einschränkungen zu leben. Wir erwarten sofortige Resultate und wollen sofort befriedigt werden! Wir wollen schneller eine Antwort haben, als sie uns zugestellt werden kann. Es gibt 24-Stunden-Reparaturwerkstätten, und man kann rund um die Uhr einkaufen. Wenn wir Hunger haben, gibt es immer etwas zu essen, von Mikrowellen-Mahlzeiten bis zu Lebensmittelhandlungen und Restaurants, die die ganze Nacht geöffnet haben. Es gibt einen 24-Stunden-Service für Bürobedarf und Eisenwaren, und wer weiß, wie sehr das Internet unsere Ungeduld noch anheizen wird? Wir müssen ja nicht einmal mehr in einen Laden gehen, um ein Buch zu bestellen. Wir brauchen nicht mehr mit einem Grundstücksmakler Straßen rauf- und runterzufahren, um Häuser, die zum Verkauf stehen, zu besichtigen: Es steht uns alles sofort zur Verfügung.

Die Menschen können nicht mehr warten und wissen nicht einmal mehr, was Warten bedeutet. Es ist schön, wenn man etwas zu der Zeit bekommt, wenn man es haben will, aber es ist auch wichtig, eine Befriedigung erwarten zu können. Studien haben gezeigt, dass Kinder, die warten konnten, wenn sie die Wahl hatten, ob sie entweder einen Keks jetzt oder zwei Kekse in einer Stunde haben wollten, im späteren Leben viel besser zurechtkamen. Es liegt auf der Hand, dass Geduld eine wichtige Fähigkeit ist, und doch stehen so viele Menschen vor ihrer Mikrowelle und denken sich: »Mach schnell!« Oder sie regen sich auf, wenn das Entwickeln ihres Filmes länger dauert als eine Stunde.

Das Problem geht noch über die Einschränkung hinaus, warten zu müssen. Viele von uns sind nicht imstande, mit den Dingen zu leben, wie sie sind, sich in eine Situation zu schicken, wie sie eben ist. Wir meinen, wir müssten sie verändern oder verbessern, wir denken, dass die Dinge schlecht ausgehen, wenn man sie in Ruhe lässt. Wir meinen, dass es etwas anderes ist, ob etwas nicht schnell genug passiert oder ob es nicht so ausgeht, wie wir es uns wünschen. Doch beides kommt aus dem gleichen Denken, nämlich aus dem Urteil, dass die Situation nicht in Ordnung ist, wie sie ist. Was bringt es uns denn, wenn wir ungeduldig sind?

Der Schlüssel zur Geduld ist, zu wissen, dass alles gut ausgehen wird, und die Zuversicht zu gewinnen, dass es einen höheren Plan gibt. Wir vergessen das leicht, und deshalb versuchen viele Menschen, Situationen zu kontrollieren, die sich ihrer Bestimmung gemäß und zur rechten Zeit entwickeln würden. Manche können am Ende ihres Lebens akzeptieren, dass der Tod kommt, während andere ungeduldig werden und wissen wollen, wann er kommt. Es beruhigt sie, zu hören, dass sie nicht sterben werden, bevor sie bereit dazu sind.

Dies gilt für den Tod, und es gilt auch für das Leben. Sie werden keine Erfahrung des Lebens machen, bevor Sie nicht bereit sind, wenn Sie das Vertrauen und das Verständnis entwickeln, dass die Dinge den ihnen bestimmten Gang zur rechten Zeit gehen. Dann können Sie locker lassen.

Anheim geben

Gott hat es schlau angestellt: Mein Kopf ist von den Schlaganfällen nicht betroffen. Wenn das nicht eine Lektion ist! Ich kann mein linkes Bein und meinen linken Arm nicht gebrauchen, aber ich kann sprechen, und ich kann denken.

Andere verlieren oft die Funktionsfähigkeit der ganzen linken Körperhälfte einschließlich der Fähigkeit, deutlich zu sprechen. Nicht in meinem Fall. Vom Hals aufwärts bin ich völlig intakt und in Ordnung. Doch die linke Seite meines Körpers ist gelähmt, und deshalb nenne ich meinen Schlaganfall ein Paradox. Es gibt keine geistige Beeinträchtigung, doch die linke Seite meines Körpers, die weibliche Seite, ist unterentwickelt. Die weibliche Seite ist die empfangende. Die Farbe Rosa gilt als feminin, und es ist kein Zufall, dass ich sie nicht ausstehen kann! Aber jetzt versuche ich, ihr Geschmack abzugewinnen.

Ich muss lernen, Dinge anzunehmen und Danke zu sagen. Ich muss lernen, Geduld zu haben und mich anheim zu geben. Mein ganzes Leben lang habe ich immer nur gegeben und nie gelernt zu empfangen. Das ist zur Zeit meine Hausaufgabe, dass ich lernen muss, Liebe anzunehmen, Pflege anzunehmen, dass man mich umsorgt, statt dass ich für andere sorge. Ich erkannte, dass ich mein Herz mit einer dicken steinernen Mauer umgeben hatte. Sie sollte mich vor Verletzungen schützen, aber sie sperrte auch die Liebe aus.

Viele Menschen vermögen sich ohne Schwierigkeiten nicht einmal in die kleinen Situationen des Lebens zu schicken. Wir alle kennen vermutlich Leute, die sich während eines Vortrags bemüßigt fühlen, aufzustehen und den Sprecher anzugreifen. »Ich *muss* das richtig stellen«, sagen sie etwa. »Der Vortragende hat sich geirrt.«

Solche Leute haben nicht begriffen, dass es darum geht, zuzuhören und zu empfangen. Sie begreifen nicht, dass sie nicht anderer Meinung sein und nicht alles richtig stellen müssen. Sie könnten vielmehr dem Sprecher die Gelegenheit geben, den Stoff darzulegen und ihre Meinung vielleicht ein wenig zu ändern. Wenn sie den Stoff als Ganzes gehört haben und dann erklären: »Ich stimme nicht zu«, oder: »Diesem Redner werde ich nicht mehr zuhören«, ist das in Ordnung. Aber wenn Sie sofort anderer Meinung sind, erlauben Sie sich nicht, sich in das Empfangen und Lernen zu schicken.

Manche meinen, dass es eine Niederlage bedeutet, auch nur anzuhören, was ein anderer zu sagen hat. In Wahrheit ist es so, dass, wenn man zuhört, sorgfältig zuhört, man sich kurzfristig auf positive Weise dem Standpunkt eines anderen überantwortet, um ihn sich zu eigen zu machen, ihn weiter zu prüfen oder zu verwerfen.

Der Patron eines renommierten Restaurants erzählte,

dass manche Kunden hereinkommen und erklären: »Ich möchte Ihren berühmten Salat à la Cäsar probieren, aber nur mit Essig und Öl«, oder: »Ich möchte Ihre Hühnerspezialität, aber gegrillt, nicht geschmort, und ohne die Sauce.«

Der Patron erwiderte: »Unsere Gerichte haben einen Ruf, weil wir sie auf unsere besondere Weise zubereiten und präsentieren. Wenn Sie nicht akzeptieren, wie wir sie präsentieren, entgeht Ihnen genau das, was unser Küchenchef so gut kann. Ich habe Verständnis, wenn jemand etwas schon einmal gegessen hat und dann vielleicht weniger Sauce möchte oder echte Diätvorschriften einhalten muss, aber häufig geben die Gäste uns nicht einmal die Chance, ein Gericht auf unsere Weise zu präsentieren.«

Wir wollen immer alles unserer Kontrolle unterwerfen. Wir haben vergessen, was es heißt, Lernende zu sein und anderen zu lauschen. Wir sind nicht in der Lage, andere Ideen oder Erfahrungen anzunehmen, wenn auch nur für kurze Zeit, nicht einmal die kleinen Dinge des Lebens.

Wenn wir uns weigern, eine Situation anzunehmen, die wir nicht ändern können, so ist das erschöpfend und raubt uns unsere Macht und unseren Seelenfrieden. Wir holen uns unsere Macht wieder und gewinnen unseren Seelenfrieden zurück, wenn wir die Dinge so belassen, wie sie sind. Damit sagen wir nämlich: »Ich werde jetzt, in diesem Augenblick glücklich sein. Ich will es nicht auf später verschieben.«

Andererseits ist die Weigerung, sich anheim zu geben, dasselbe, als würde man sagen: »Ich kann unmöglich glücklich sein, solange die Umstände sich nicht ändern. Es geht nicht, in keiner Weise.« Andere Umstände mögen vielleicht angenehmer sein, aber die Umstände ändern sich vielleicht nie, und das macht uns zu Opfern dieser nicht eingetretenen Änderung. Wenn wir sagen: »Ich werde erst Frieden haben, wenn dies oder jenes geschieht«, setzen wir uns damit ziemliche Grenzen. Ist das, was Sie sich vorstellen können, wirklich die einzig »gute« Situation? Gibt es nicht viele andere Umstände und Situationen, die Ihnen Frieden bringen würden, darunter auch solche, an die Sie nicht einmal gedacht haben?

Ich sage nicht, dass man alles akzeptieren soll, was geschieht. Wenn Ihnen die Fernsehshow nicht gefällt, die Sie gerade anschauen, müssen Sie diese nicht über sich ergehen lassen – schalten Sie um auf einen anderen Sender. Wenn Sie Ihren Job nicht mögen, sehen Sie sich nach einem anderen um. Reparieren Sie Ihr Auto, wenn Sie meinen, dass es zu sehr scheppert. Wenn Sie unglücklich sind über eine Situation, die berichtigt werden sollte, stehen Sie zu Ihrer Macht und nehmen Sie die nötige Korrektur vor.

Ich spreche von Situationen, die nach unserem Ermessen unüberwindliche Hindernisse zum Glück darstellen. Wir sind felsenfest überzeugt, dass wir nicht glücklich sein können, solange diese Situation sich nicht ändert –

sie ist jedoch nicht zu ändern. Wenn Sie eine schlimme Kindheit gehabt haben, können Sie nicht zurückgehen und sie zu einer glücklichen machen. Wenn jemand, den Sie lieben, Ihre Liebe nicht erwidert, können Sie seine Liebe nicht erzwingen. Wenn Sie jetzt Krebs haben, dann sind Sie in diesem Augenblick nicht krebsfrei.

In einer solchen Situation können wir kreuzunglücklich sein, aber wir können die Tatsachen nicht ändern. Wenn wir uns dem Leben anheim geben, wie es ist, kann das der schnellste und effektivste Weg sein, eine Lehre aus der Situation zu ziehen. Sie können Ihre schlimme Kindheit zwar nicht ändern, aber Sie können trotzdem ein gutes Leben haben. Sie können jemanden nicht dazu bringen, Sie zu lieben, aber Sie können aufhören, Ihre Zeit und Energie an diesen Menschen zu verschwenden. Sie können Ihren Krebs nicht mit einem Zauberspruch zum Verschwinden bringen, aber das bedeutet nicht, dass Ihr Leben vorbei ist.

Vergebung

Sterbende können uns eine Menge über wahre Vergebung lehren. Sie denken nicht: »Ich habe Recht gehabt, und da ich so Recht habe, sehe ich, wie sehr du im Unrecht warst. Ich habe die Größe, dir zu vergeben.« Sie denken vielmehr: »Du hast Fehler gemacht und ich auch. Wer hätte keine gemacht? Aber ich will dich nicht länger durch deine Fehler definieren oder durch meine definiert werden.«

Vergebung kann durch viele Dinge blockiert werden. An erster Stelle steht dabei das Gefühl, dass wir durch unsere Vergebung das Verhalten, das uns verletzt hat, gutheißen.

Doch zu vergeben heißt nicht: »Es ist in Ordnung, dass du mich verletzt hast.« Es bedeutet, dass wir die Verletzung um unserer selbst willen loslassen, da wir erkennen, dass wir gezwungen sind, im Unglück zu leben, wenn wir an unserem Groll festhalten. Menschen, die nur schwer vergeben können, müssen daran erinnert werden, dass sie damit nur sich selbst bestrafen.

Vergebung heißt nicht, dass wir anderen erlauben, auf uns herumzutrampeln. Es handelt sich vielmehr um Nächstenliebe im besten Sinn des Wortes. Wenn wir vergeben, denken wir daran, dass die anderen nicht in bester Form waren, als sie uns verletzten. Wir denken daran, dass sie mehr sind als ihr Fehlverhalten. Sie sind Menschen, sie haben Fehler gemacht, und sie sind verletzt worden wie wir. Letztlich findet Vergebung in unserem Inneren statt. Wir vergeben, um uns selbst zu heilen. Das Verhalten eines anderen ist das Verhalten eines anderen. Wir müssen nicht das Verhalten vergeben, sondern nur der Person.

Das Verlangen nach Rache ist ein weiterer Grund, der Vergebung blockiert. Vergeltung zu üben gibt uns, wenn überhaupt, nur ein vorübergehendes Gefühl der Erleichterung oder Befriedigung. Dann fühlen wir uns schuldig, weil wir uns zu demselben Verhalten erniedrigt haben, das wir als falsch erkennen. Wir wollen dem, der uns verletzt hat, zur Kenntnis bringen, wie sehr wir verletzt sind, und so schlagen wir um uns – und sind dann umso tiefer verwundet. Es ist in Ordnung, unsere Verletzung kundzutun; wenn wir jedoch daran festhalten, wird sie, wie gesagt, zu einer Selbstbestrafung.

Vergeben kann schwer sein. Manchmal ist es einfacher, die Sache auf sich beruhen zu lassen. Oft empfinden wir den Drang zu vergeben, schieben es jedoch auf und nehmen passiv hin, dass ein Strom des Unglücklichseins sich durch unser ganzes Leben zieht. Möglicherweise erkennen wir erst, wenn unser Leben bedroht ist, dass wir nicht so leben wollen und dass wir nicht unbegrenzt Zeit haben, die Trübung aufzuklären.

Wenn wir nicht vergeben können, bleiben wir stecken. Dieses Territorium ist uns wohlbekannt, und wir haben es uns darin so bequem gemacht, dass Vergebung sich anfühlt, als würden wir uns ins Unbekannte wagen. Es ist oft leichter, jemandem Vorwürfe zu machen, als eine Beziehung zu reparieren. Wenn wir nur die Fehler der anderen im Blick haben, brauchen wir uns selbst und unsere Probleme nicht anzuschauen. Wenn wir vergeben, erhalten wir unsere Macht zurück, über einen kränkenden Vorfall hinaus zu leben und zu gedeihen. In Verletzung zu leben, das hält uns in der Opferrolle fest; in Vergebung überschreiten wir die Verletzung. Wir brauchen von niemandem und durch nichts ständig verletzt zu sein. In dieser Erkenntnis liegt eine große Macht.

Ihnen zu sagen, wie man in einigen leichten Schritten vergeben kann, wäre ein genauso schwieriges Unterfangen, als wollten wir Ihnen sagen, wie Sie die Welt erlösen können. Vergebung kann Knochenarbeit sein. Deshalb fühlt sie sich manchmal an, als wollte man die Welt erlösen. Im Übrigen ist es tatsächlich der Weg, die Welt zu erlösen.

Wenn wir als Kinder verletzt wurden oder andere verletzten, sagte meistens jemand: »Bitte um Entschuldigung.« Jetzt, da wir Erwachsene sind, kommen solche Entschuldigungen uns nicht mehr so oft über die Lippen. Auch wenn wir sie von anderen hören, finden wir manchmal, dass das nicht genügt. Wenn Kinder Unrecht tun, sehen wir ihre Angst, ihre Verwirrung, ihre Unwissenheit. Das heißt, wir sehen sie menschlich. Doch als Erwachsene neigen wir dazu, diejenigen, die uns verletzt haben, nur im

Licht des Unrechts zu sehen, das sie uns zugefügt haben. Sie werden für uns zu eindimensionalen Wesen, die nur durch den Schmerz definiert sind, den sie uns zugefügt haben. Der erste Schritt zur Vergebung besteht darin, sie wieder als Menschen zu sehen. Sie machen Fehler, manchmal sind sie schwach, unsensibel, verwirrt und haben Schmerzen. Sie sind mit Mängeln behaftet, zerbrechlich, einsam, bedürftig und emotional unvollkommen. Mit anderen Worten, sie sind genau wie wir. Sie sind Seelen auf einer Reise voller Höhen und Tiefen.

Wenn wir zugeben können, dass sie menschlich sind, können wir beginnen zu vergeben, indem wir unseren Zorn bewusst wahrnehmen. Wir müssen diese blockierte Energie herauslassen, indem wir in ein Kissen brüllen, einem Freund mitteilen, wie zornig wir sind, indem wir schreien oder sonst etwas tun, das ihn herauslässt. Dann finden wir oft die Traurigkeit, den Schmerz, den Hass und die Wunde, die hinter dem Zorn liegt. Wenn wir das tun, müssen wir diese Gefühle an uns heranlassen. Dann kommt das Schwerste: diese Gefühle loszulassen. In der Vergebung geht es nicht um die Menschen, die Sie verletzt haben. Um die brauchen Sie sich keine Sorgen zu machen. Was sie getan haben, hatte vermutlich mehr mit ihnen selbst, ihrer Welt und ihren Problemen zu tun als mit uns. Wenn wir sie freigeben, werden wir Freiheit finden. Jeder hat seine eigenen Probleme, und die der anderen gehen uns nichts an. Was uns etwas angeht, das ist unser eigener Seelenfrieden, unser Glück.

Glück

Den Großteil meiner Zeit fülle ich damit aus, einfach zu existieren. Wenn das so bleibt, dann hoffe ich, dass ich bald sterben werde. Wie bereits erwähnt, komme ich mir oft vor wie ein Flugzeug, das auf der Startbahn hängen geblieben ist. Es wäre mir lieber, wenn ich entweder zurück zur Rampe, also mich erholen, oder endlich abheben könnte. Wenn ich die Wahl hätte, möchte ich leben, doch das würde bedeuten, dass ich wieder gehen, in meinem Garten werkeln und all die Dinge tun könnte, die ich liebe. Wenn ich am Leben bleibe, dann möchte ich wirklich leben.

Jetzt existiere ich nur, ich lebe nicht. Doch selbst in dieser nackten Existenz gibt es kleine Augenblicke des Glücks. Ich bin glücklich, wenn meine Kinder mich besuchen kommen, und insbesondere, wenn ich mit meiner erst kürzlich geborenen Enkelin Sylvia spielen kann. Und Ana, die Frau, die mich jetzt betreut, macht mich ebenfalls glücklich, weil sie mich zum Lachen bringt. Diese kleinen Augenblicke machen es erträglich, nur zu existieren.

Vermächtnis

Die letzte Lektion

Das Leben ist vom Anfang bis zum Ende eine Schule persönlicher Prüfungen und Herausforderungen. Wenn wir alles gelernt haben, was wir nur lernen können, und alles gelehrt haben, was wir andere nur lehren können, kehren wir in unsere Heimat zurück.

Manchmal ist es schwer zu erkennen, um welche Lektion es sich handelt. So ist es zum Beispiel schwer zu verstehen, dass Kinder, die im Alter von zwei Jahren sterben, vielleicht hierher gekommen sind, um ihren Eltern eine Lektion in Mitgefühl und Liebe zu erteilen. Es mag nicht nur schwer sein zu begreifen, worum es in der Lektion geht, vielleicht wissen wir nicht einmal, welche Lektionen wir bewältigen sollen. Es wäre unmöglich, sie alle vollkommen zu beherrschen, und es gibt unzweifelhaft einige Drachen, die wir in diesem Leben nicht zur Strecke bringen müssen. Manchmal besagt die Lektion, dass wir sie *nicht* zur Strecke bringen sollen. Es ist leicht, über jemanden zu sagen: »Wie traurig, dass er die Lektion der Vergebung nicht gepackt hat, bevor er starb.« Aber vielleicht hat er trotzdem gelernt, was ihm aufgegeben war. Oder vielleicht bekam er zwar die Gelegenheit, etwas zu lernen, entschied aber, es nicht zu tun. Und wer weiß? Vielleicht war nicht er es, der die Lektion beherzigen sollte, indem er Vergebung übte. Vielleicht wurde *Ihnen* die Gelegenheit geboten, die Lektion der Vergebung zu lernen, indem Sie ihn beobachteten. Wir alle lernen, und gleichzeitig sind wir auch Lehrer.

Menschen, die durch scheinbar endlose Stürme herumgestoßen werden und deren Leben wie eine Katastrophe aussieht, fragen sich vielleicht, warum ihnen so viele Prüfungen auferlegt wurden und warum Gott scheinbar so gnadenlos ist. Durch Nöte hindurchzugehen ist so, wie wenn man ein Stein in einer Scheuertrommel wäre. Man wird hin- und hergeschleudert und dabei verletzt, aber man geht mit feinerem Schliff daraus hervor und wertvoller denn je. Jetzt sind Sie vorbereitet für noch größere Lektionen, noch größere Herausforderungen und ein größeres Leben. Alle Albträume verwandeln sich in einen Segen, der zu einem Teil des Lebens wird. Wenn wir den Grand Canyon vor den Stürmen hätten bewahren wollen, die ihn erschufen, könnten wir seine wie gemeißelte Schönheit nicht sehen. Das mag der Grund sein, warum viele Patienten uns gesagt haben, wenn sie durch Zauberkraft an den Punkt zurückversetzt werden könnten, bevor sie ihren Krebs oder eine andere lebensbedrohende Krankheit bekamen, und auslöschen könnten, was ihnen bevorstand, würden sie dies nicht wollen.

Ein Verlust zeigt uns auf so vielfältige Weise, was kostbar ist, während die Liebe uns lehrt, wer wir sind. Beziehungen verweisen uns auf uns selbst und bieten uns eine wunderbare Gelegenheit, innerlich zu wachsen. Angst, Zorn, Schuld, Geduld und selbst die Zeit werden zu unseren größten Lehrmeistern. Auch in unseren dunkelsten Stunden wachsen wir. Es ist wichtig, dass Sie wissen, wer Sie in diesem Leben sind. Während wir wachsen, wird auch unsere größte Angst, nämlich die Angst vor dem Tod, immer kleiner. Denken Sie an den Ausspruch Michelangelos: »Wenn das Leben für angenehm befunden wurde, sollte es auch der Tod sein. Denn er kommt aus der Hand desselben Meisters.« Mit anderen Worten, dieselbe Hand, die uns Leben, Glück, Liebe und noch mehr schenkte, wird den Tod nicht zu einem schauerlichen Erlebnis machen. Wie jemand einmal sagte: Das Ende ist nur wie ein Anfang von rückwärts.

Zu Beginn dieses Buches hörten wir von Michelangelo, dass die herrlichen Skulpturen, die er schuf, im Inneren des Steins bereits vorhanden gewesen seien. Er habe lediglich den Überschuss entfernt, um das kostbare Wesen zu enthüllen, das schon immer da war. Wenn Sie im Leben Lektionen lernen, tun Sie Gleiches: Sie meißeln das Überschüssige weg, um Ihr wunderbares inneres Selbst zu enthüllen.

Einige der größten Geschenke Gottes mögen Gebete sein, die erhört wurden, aber es ist ebenso gut möglich, dass auch die nicht erhörten Gebete Gaben enthalten. Wenn wir den Lektionen vom Rande des Lebens aus nachgehen, fühlen wir uns allmählich wohler in dem Wissen, dass das Leben eines Tages zu Ende geht. Und wir werden mehr gewahr, dass das Leben jetzt stattfindet. Während wir dieses Buch schrieben, haben auch wir diese Lektionen weiter gelernt. Niemand hat alle von ihnen verinnerlicht. Wenn es so wäre, dann wären wir nicht mehr hier. So wie wir alle noch Lehrer sind, so lernen wir auch noch.

Es ist schwer, sich mit dem Tod auseinanderzusetzen, bevor wir gezwungen sind, dies zu tun, aber er gehört wesentlich zum Leben. Wir haben Sterbende gebeten, unsere Lehrer zu sein, weil wir mit dem Tod nicht experimentieren oder ihn im Voraus erleben können. Wir sind darauf angewiesen, dass Menschen, die mit lebensbedrohenden Krankheiten konfrontiert waren, unsere Lehrer sind.

Menschen können am Ende ihres Lebens enorme Wandlungen durchmachen. Wir haben dieses Buch geschrieben, um uns vom Rande des Lebens aus belehren zu lassen und diese Lektionen an Menschen weiterzugeben, die noch viel Zeit haben, Veränderungen vorzunehmen und die Ergebnisse zu genießen.

Eine der erstaunlichsten Lektionen unserer Lehrmeister ist die, dass das Leben mit der Diagnose einer lebensbedrohenden Krankheit nicht zu Ende ist – ja, dass es dann erst eigentlich beginnt. Es beginnt an diesem Punkt, denn wenn Sie die Realität Ihres Todes anerkennen, müssen Sie auch die Realität Ihres Lebens anerkennen. Sie begreifen, dass Sie noch leben, dass Sie Ihr Leben jetzt leben müssen und dass Sie dieses Leben nur jetzt haben. Die wichtigste Lektion, die sterbende Menschen uns erteilen, lautet, dass wir jeden Tag möglichst aus dem Vollen leben sollen.

Wann haben Sie zum letzten Mal wirklich das Meer betrachtet? Oder den Duft des Morgens wahrgenommen? Die zarten Haare eines Babys berührt? Eine Mahlzeit wirklich geschmeckt und genossen? Wann sind Sie zum letzten Mal barfuß über das Gras gelaufen oder haben in den blauen Himmel geschaut? All dies sind Erfahrungen, die wir vielleicht nie wieder machen werden. Es öffnet einem wirklich die Augen, wenn man Sterbende sagen hört, dass sie nur noch ein einziges Mal die Sterne sehen oder auf das Meer hinausblicken möchten. Viele von uns leben in der Nähe des Meeres, aber wir nehmen uns nie die Zeit, es zu betrachten. Wir alle leben unter den Sternen, doch blicken wir zum Himmel empor? Berühren wir und schmecken wir wirklich das Leben, sehen und spüren wir das Außergewöhnliche, insbesondere im Gewöhnlichen?

Ein Sprichwort besagt, dass jedesmal, wenn ein Kind geboren wird, Gott beschlossen hat, die Welt noch weiter bestehen zu lassen. In gleicher Weise haben Sie, wenn Sie jeden Morgen erwachen, einen neuen Tag geschenkt bekommen, um das Leben zu erfahren. Wann haben Sie diesen Tag zum letzten Mal voll erlebt?

Sie werden kein zweites Leben wie dieses bekommen. Sie werden nie mehr die Rolle spielen und dieses Leben erfahren, so wie es Ihnen geschenkt wurde. Sie werden die Welt nie wieder so erfahren wie in diesem Leben, nie wieder genau unter den gleichen Umständen, mit diesen Eltern, Kindern und Familien. Sie werden nie wieder genau den gleichen Freundeskreis haben. Sie werden die Erde mit all ihren Wundern in dieser Zeit nie wieder erleben. Warten Sie nicht, bis Sie einen letzten Blick auf das Meer, den Himmel, die Sterne, einen geliebten Menschen werfen. Gehen Sie jetzt hin und schauen Sie ihn an.

Aus: *Geborgen im Leben*, S. 249–253.

Die Texte wurden folgenden Büchern entnommen:

Aids. Herausforderungen zur Menschlichkeit, © 1988 Kreuz Verlag, Stuttgart

Befreiung aus der Angst, © 1983 Kreuz Verlag, Suttgart

Geborgen im Leben. Wege zu einem erfüllten Dasein, © 2001, Kreuz Verlag, Stuttgart

Interviews mit Sterbenden, © 1971 Kreuz Verlag Stuttgart

Verstehen, was Sterbenden sagen wollen, © 1981 Kreuz Verlag, Stuttgart

Was können wir noch tun?, © 1974 Kreuz Verlag, Stuttgart